AF478234

Biblioteca PHotoBolsillo

Aitor Lara

PHoto**Bolsillo**   LA FABRICA 20 AÑOS

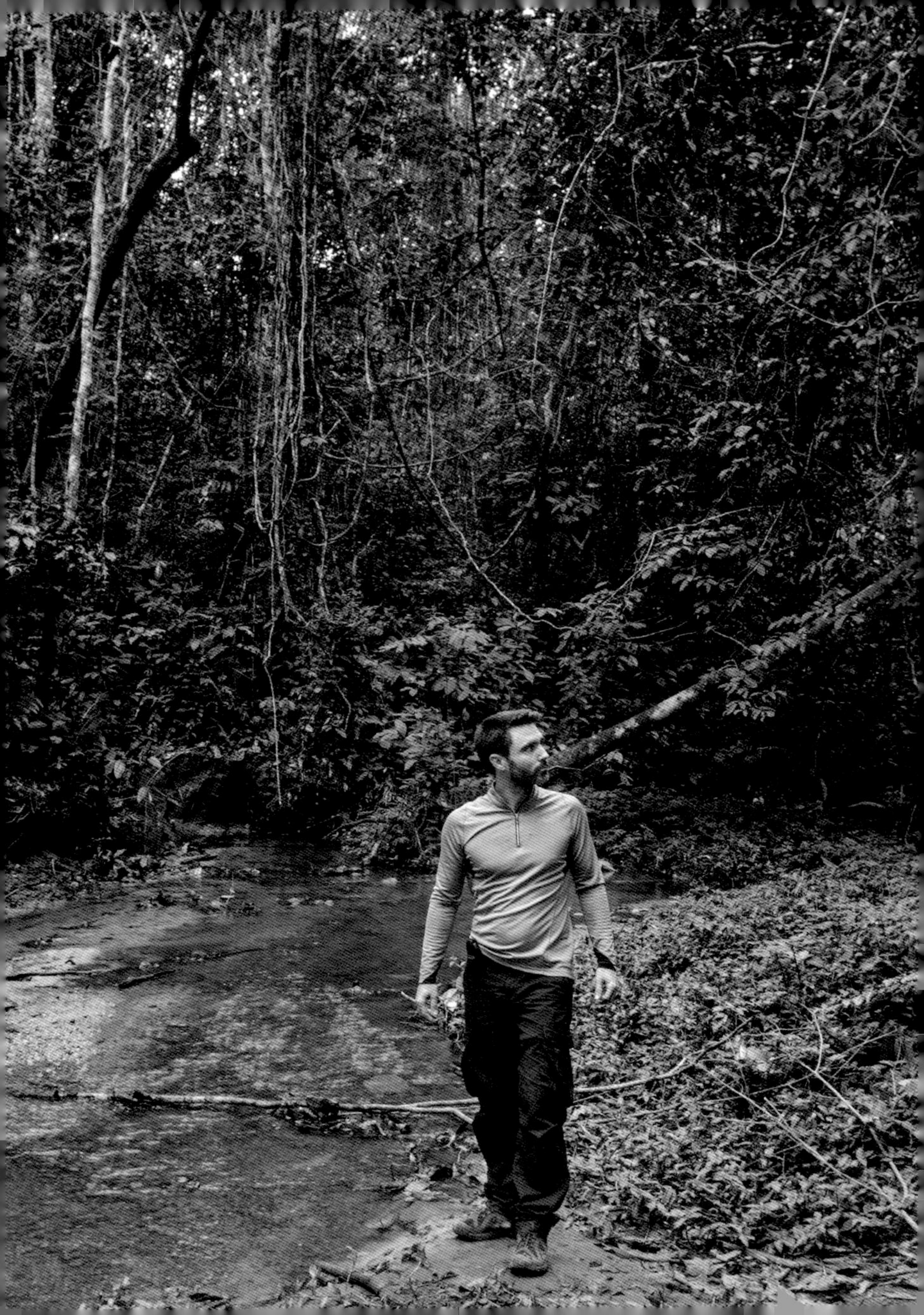

Aitor Lara

«Todo es de color»

Jordi Esteva

El primer trabajo que vi de Aitor fue sobre México. Era un Aitor muy joven aún, pero algunas fotos ya anunciaban la tremenda fuerza de sus máscaras africanas, las transexuales indias o los retratos de Detroit, por citar tres ejemplos. Recuerdo todavía el impacto de sus imágenes mexicanas: algunas parecían extraídas de los libros de fotografía de Juan Rulfo o de Pierre «Fatumbí» Verger de los años cuarenta o cincuenta del siglo pasado. Sobre todo, la bellísima fotografía *Irma Nanita* (fotografía 28) en la que una joven se recoge frente a la tumba de un familiar mientras otras mujeres colocan flores en las lápidas. No sabemos quién es la sensual joven, ni a quién llora, quién sabe si a una abuela, una madre, un hermano. La vida enfrentada a la muerte. Inquietante es la fotografía del perro que avanza en un camino de pesadilla. Es la imagen de la Bestia. En ese trabajo sobre México, Aitor adelanta algunas de las líneas de su obra más madura: sensibilidad ante los paisajes, captación de situaciones en las que el tiempo parece moverse a un ritmo muy distinto y atracción por los retratos de fuerte impacto. La impresionante máscara de la muerte, una foto más directa y agresiva, también forma parte del carácter de Aitor, que logra captar el alma de un México que podría parecer folclórico pero que, en su caso, trasciende el tópico para llevarnos a la última tarde de vida del cónsul británico de *Bajo el volcán*.

Sobre el misterio que desprenden sus imágenes, Aitor explica: «La realidad es compleja y está llena de secretos. Aunque mi fotografía trabaja, en ocasiones, desde un expresionismo exacerbado, detrás hay un trabajo consciente sobre lo sutil y lo invisible».

La serie *Torre de silencio*, sobre un viaje a Uzbekistán, es una pequeña joya. El tiempo parece suspendido. La URSS ha colapsado y ha dejado un país nuevo que en realidad es una ruina. Un país olvidado que busca su identidad en un islam que parece renacer aunque la imagen que desprende es de algo abandonado y vetusto. Aitor aporta una visión sensible de un viajero en aquel país justo antes de que todo empezara a cambiar y el petróleo transformara –¿envileciera?– drásticamente a la sociedad. Todo en este trabajo: las carreteras o pistas que conducen al desierto, los paisajes extremos, la gente, las ruinas de civilizaciones olvidadas de Asia

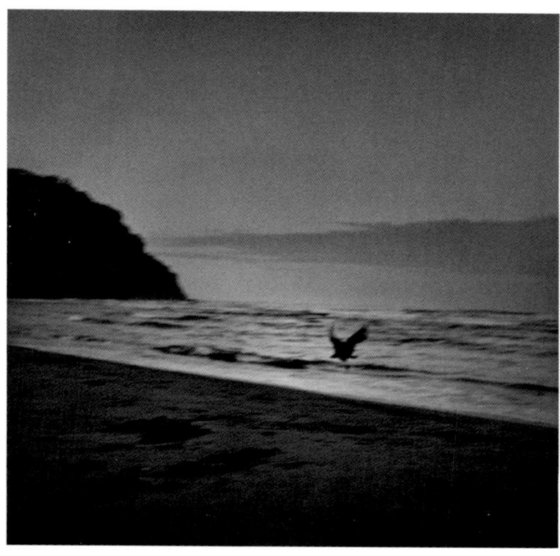

Central, remite a Nicolas Bouvier, el genial escritor de *L'usage du monde*, adorado por los hippies que hacían el camino a la India durante los sesenta.

Quizá la foto de la portada de ese libro sobre la exrepública soviética, que muestra a un joven trapecista del circo de Tashkent (fotografía 14), no anuncie exactamente lo que uno encontrará en el interior. La bella foto de un coche desenfocado daría tal vez una mejor idea del resto de imágenes. Pero yo sé por qué le atrae. Aitor se ve a sí mismo. ¡Es él! Un niño viejo que se afirma ante el mundo. Un rebelde. No es un capricho. Mucho de su posterior trabajo se basará en esa rebeldía innata. En sus primeros trabajos se revela especialmente el espíritu nómada de Aitor con sus hermosas vacilaciones. Sus apasionadas lecturas de Henry de Monfreïd, de Octavio Paz o los mundos de Hergé, por citar la influencia de algunos autores. El suyo es un espíritu curioso que con el tiempo evolucionará hacia el desarrollo de una mirada propia. Los primeros trabajos de cualquier fotógrafo suelen ser diletantes en el buen sentido del término. Búsquedas de caminos. Ojos aún no formados y ello hace a los trabajos tempranos más interesantes que los posteriores, maduros y profesionales. Porque con el tiempo se pierden, en cierto modo, romanticismo y candidez.

Los viajes no han impedido a Aitor acercarse a contextos cercanos. Su serie sobre la tauromaquia se apoya en trabajos anteriores y también en la influencia de su maestro, el fotógrafo Luis Baylón. Para Aitor, «hoy en día la tauromaquia dialoga y plantea interrogantes a la tradición mostrando las dos caras de esta misma moneda. Por un lado genera cultura y sentido para algunos, para otros pone en duda los paradigmas de la condición humana, al tratarse de un acontecimiento en el que se le da muerte al toro en un espectáculo público. El trabajo sobre la plaza vincula a todas las partes, resalta la liturgia en su expresión más artística pero a la vez pone en evidencia los detalles más sórdidos y escabrosos de la misma». A mi entender, su trabajo sobre el mundo de los toros resulta totalmente indispensable para comprender la evolución de su fotografía, que hunde sus raíces en los cuatro primeros proyectos importantes: trabajo de calle, México, Uzbekistán y Maestranza. A partir de ahí, Aitor surge con toda su fuerza.

En sus propias palabras, «la fotografía tiene que ver con un acto primario, absurdo y egoísta, con unas ganas enormes de conocer el mundo. No trato de visibilizar lo invisible para los demás, no soy tan generoso.

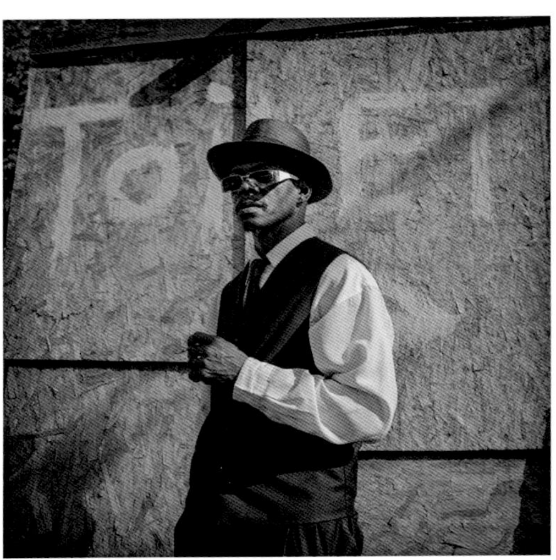

Detroit, 2014

Empecé por una pulsión de la adolescencia, la fotografía apareció como un juego sofisticado que con el tiempo se convirtió en un acto necesario, una vía de conocimiento compleja a través de experiencias radicales. Lo que ahora sí hago de manera consciente es compartirlas e intento que sea de la forma más certera posible, eligiendo y diseñando las ediciones de los trabajos que realizo: este es el momento en el que pienso en los demás».

La mirada sobre sus personajes constituye una absoluta dignificación de personas tildadas de marginales, ya sean un legionario que recuerda a un mara de El Salvador, la maruja dispuesta a desafiar un nuevo día o la *trans* mexicana de piernas magulladas que apunta con un revólver. El mundo es un lugar complejo y diverso en el que deberían tener cabida todas las maneras de ser. A Aitor le interesa la gente que afirma su diferencia e identidad sin vacilaciones y que en muchas ocasiones ya no busca la aceptación que sabe que no va a encontrar en una sociedad intolerante e hipócrita y, por lo tanto, se presenta como un grito. Él ama a la gente que rechaza las concesiones.

De ahí sus personajes. Al retratarlos, asume el papel invasivo que en ocasiones va unido al acto de fotografiar. Para él, «la fotografía es profanadora porque te adentras en mundos a los que no perteneces. Paradójicamente, en este trance siento un enorme respeto y admiración que, en ocasiones, es casi religioso porque eres consciente de la trascendencia de los momentos que te están consintiendo respirar. Entonces lo que tratas es de sublimar y canalizar ese cruce de tiempos en los que, de alguna manera, también participas. El límite está en el dolor o en el placer que seas capaz de tolerar en tu alma. La fotografía es una poesía que emociona porque te toca la conciencia. Ves dentro de ti el tiempo de los demás y el tuyo propio, el cambio, la transformación, la erosión, la destrucción, la lucha y la resistencia, ves el destino de las personas y eso a veces no es agradable porque se acerca más a la verdad que a un mundo idealizado».

Chamánica resulta la última serie de fotografías tomada a su amigo Manuel, con la que cierra el libro. Manuel Molina, a quien escuchaba Aitor desde la cuna. «Todo es de color».

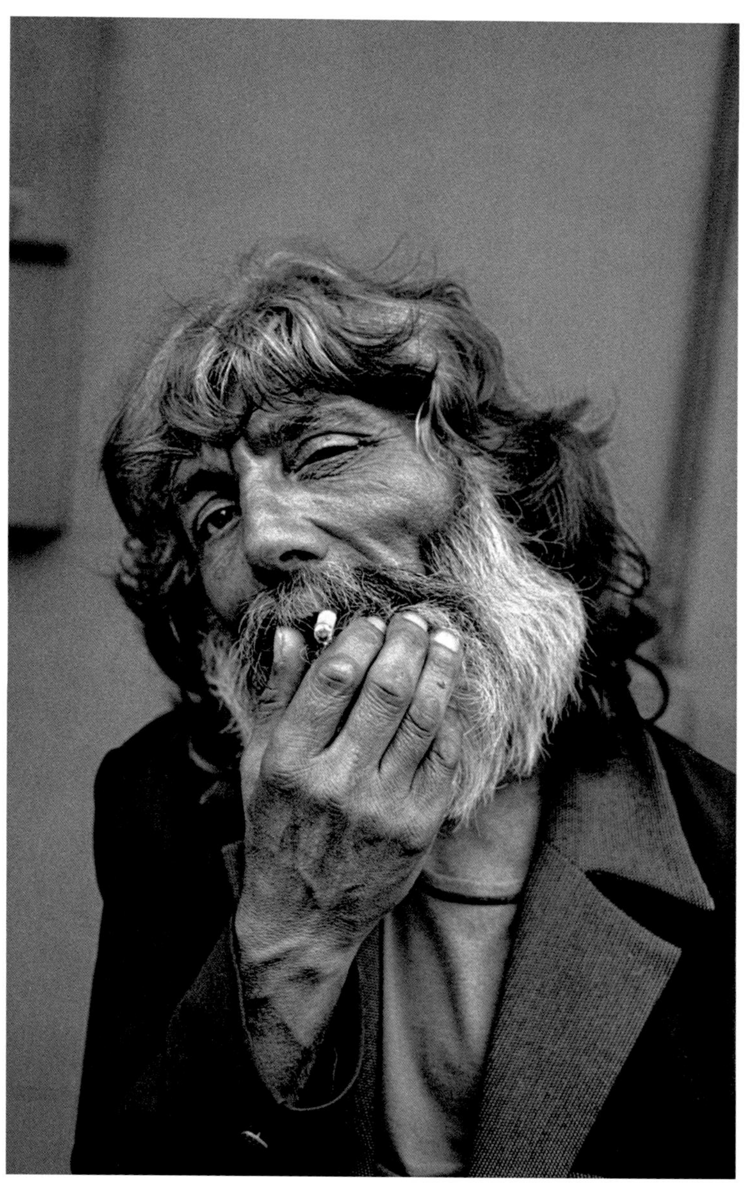

01. El Chango. Sevilla, 2005

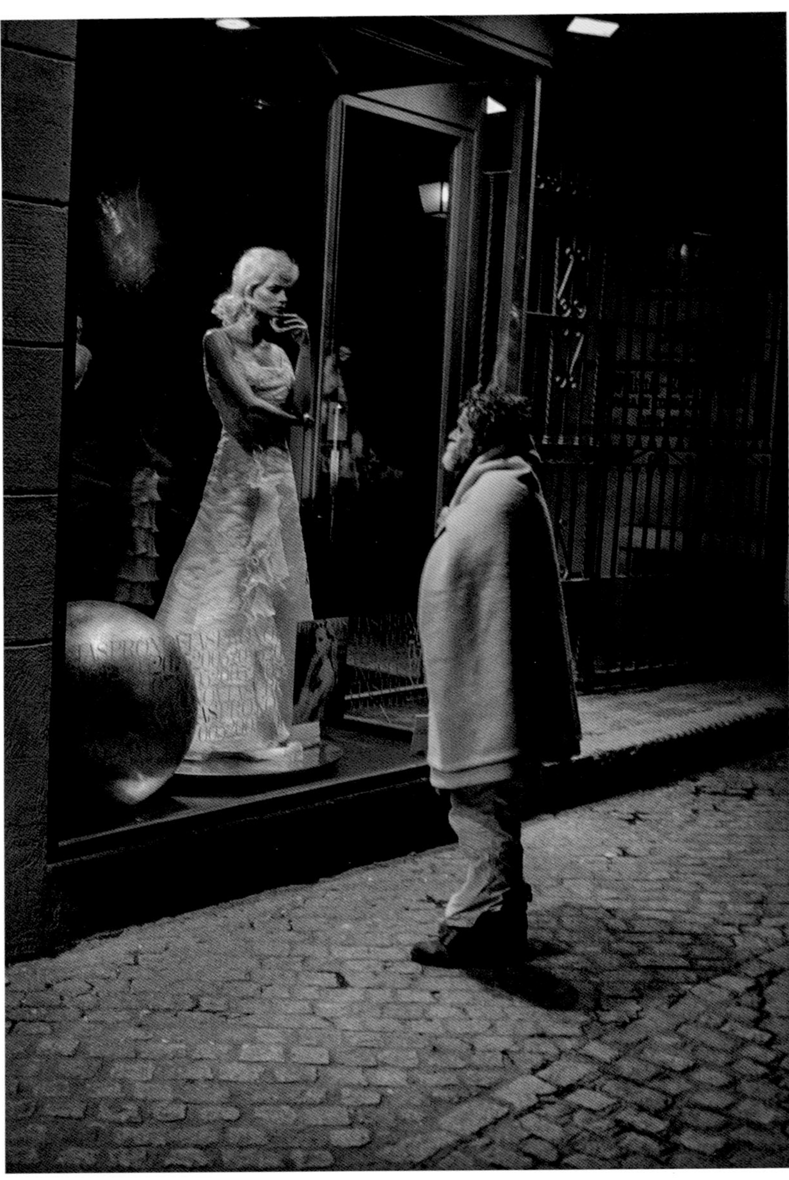

02. La dama y el vagabundo. Sevilla, 2006

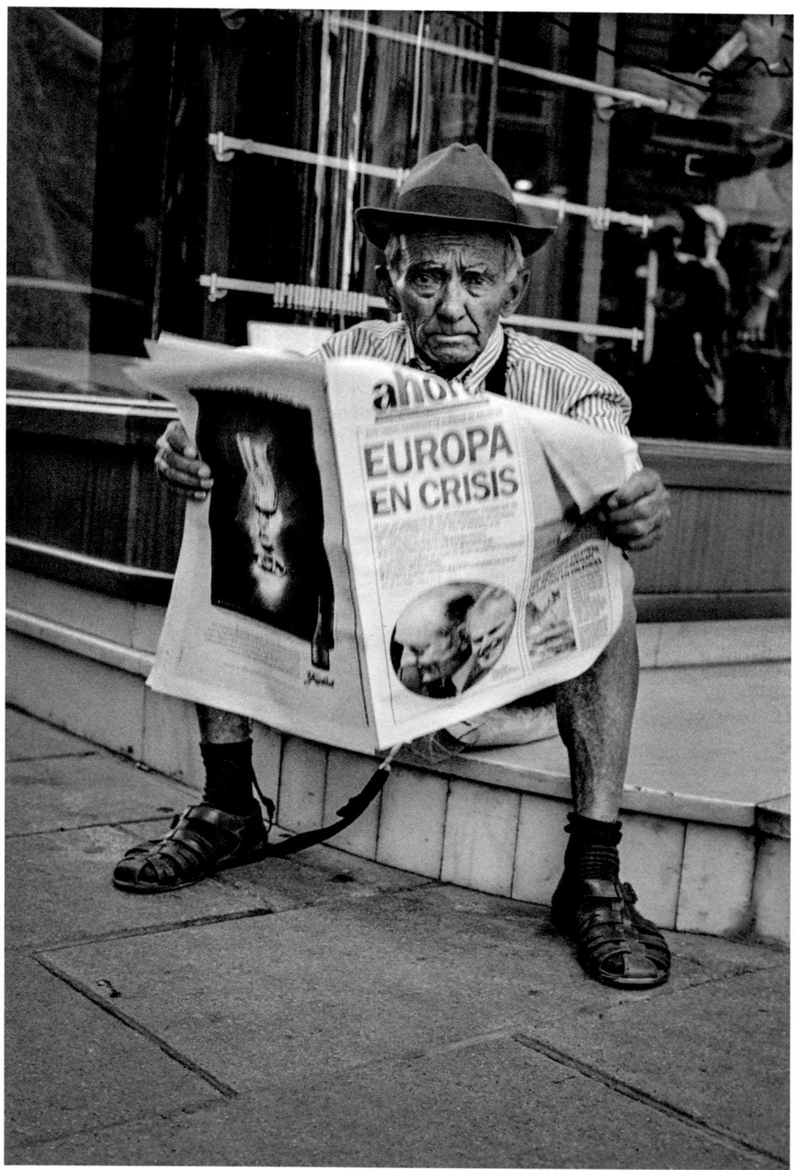

03. Gran Vía, Madrid, 2005

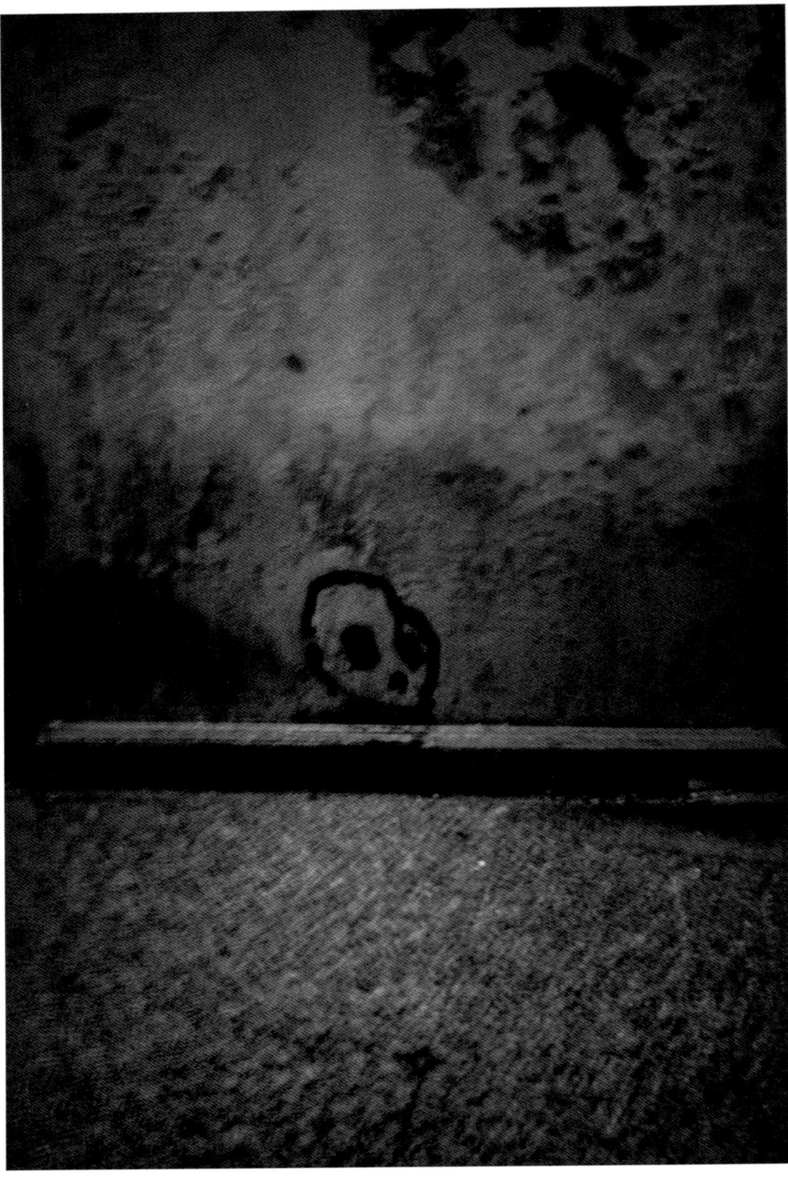

04. Madrid, 2013

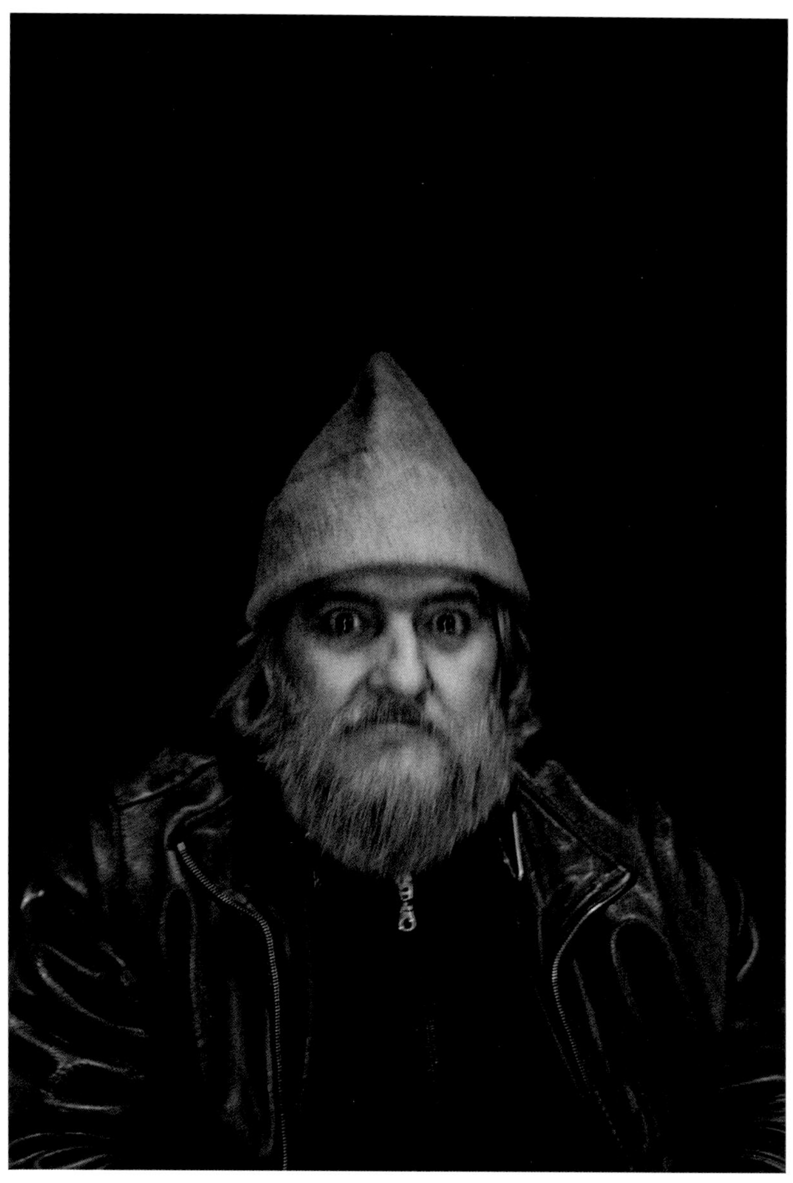

05. Miguel Ángel Campano. Sevilla, 2012

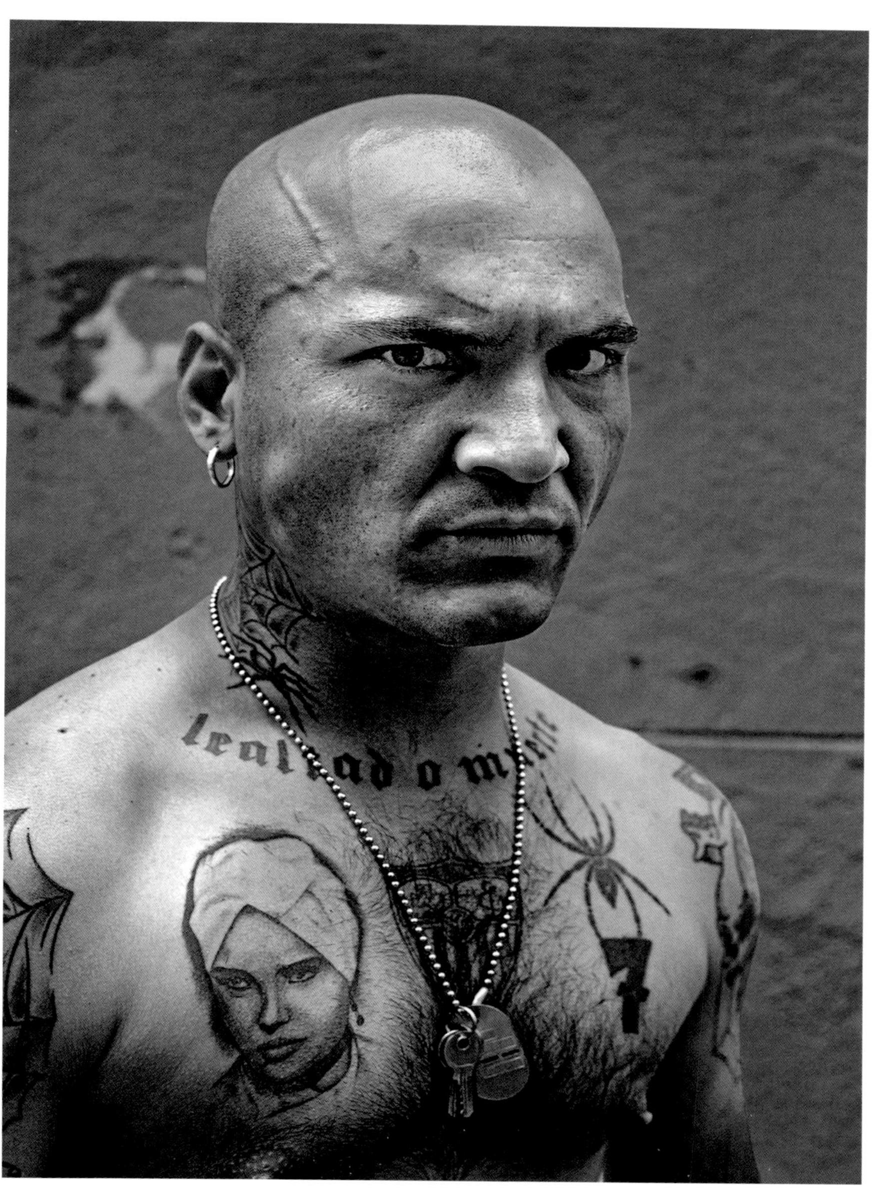

06. Mario. Sevilla, 2009

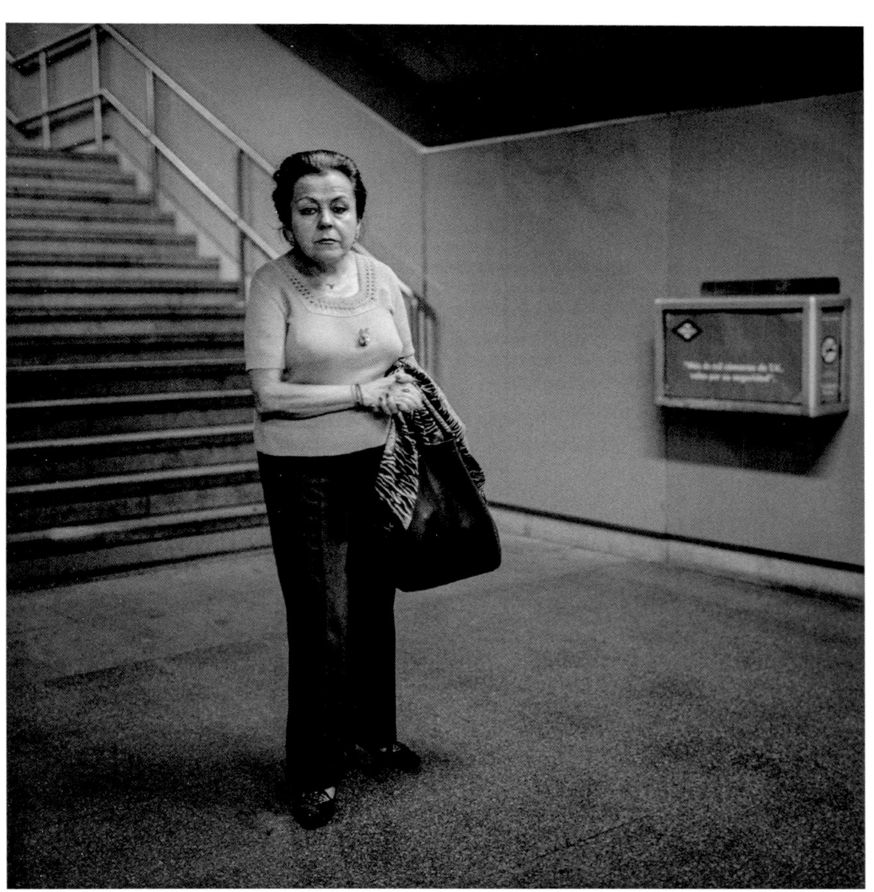

07. The ladie. Madrid, 2003

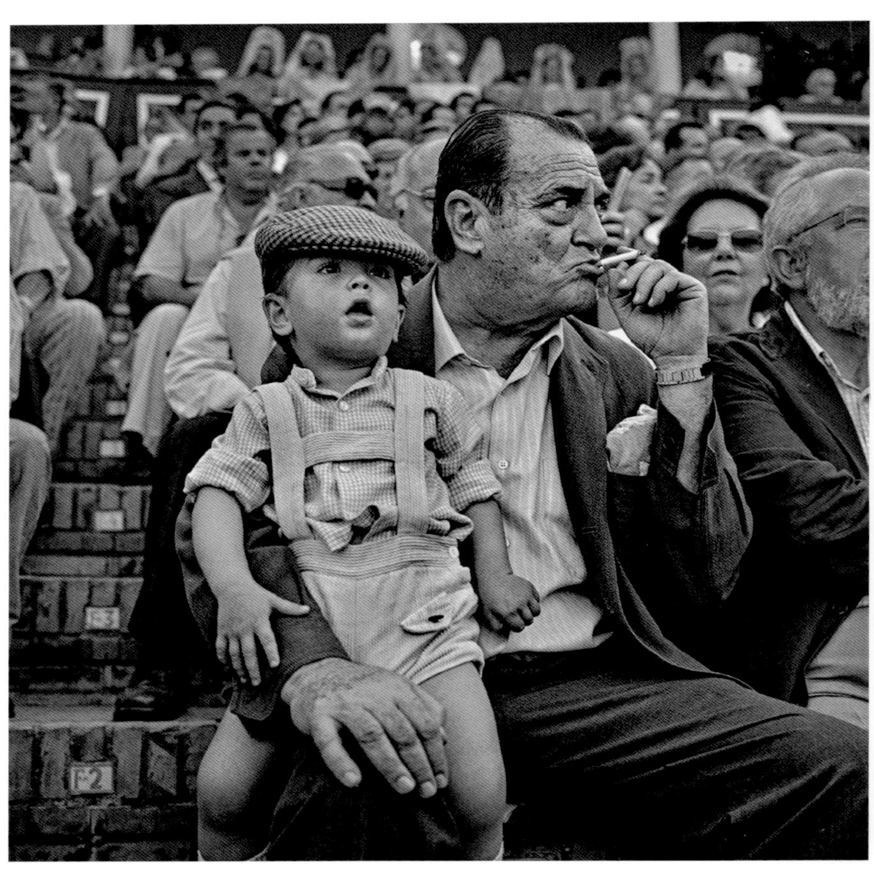

08. Abuelo y nieto. Maestranza. Sevilla, 2005

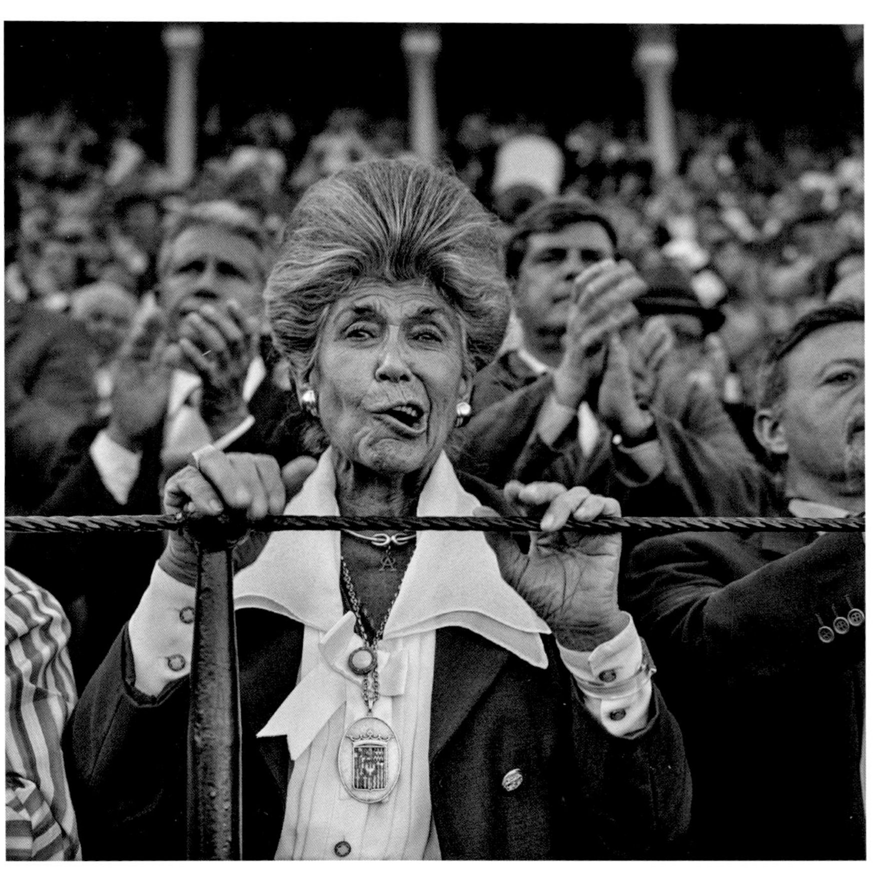

09. Aficionada. Maestranza. Sevilla, 2006

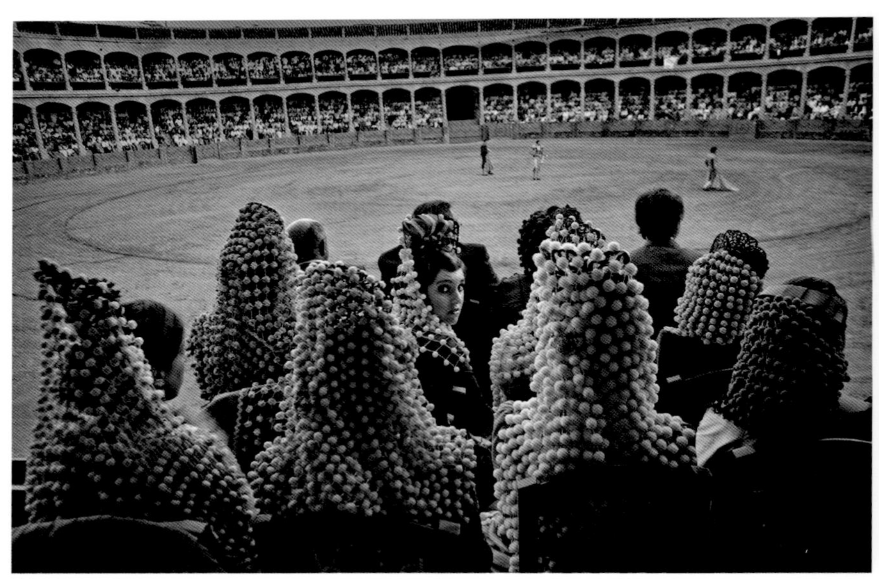

10. Damas goyescas. Maestranza. Ronda, 2009

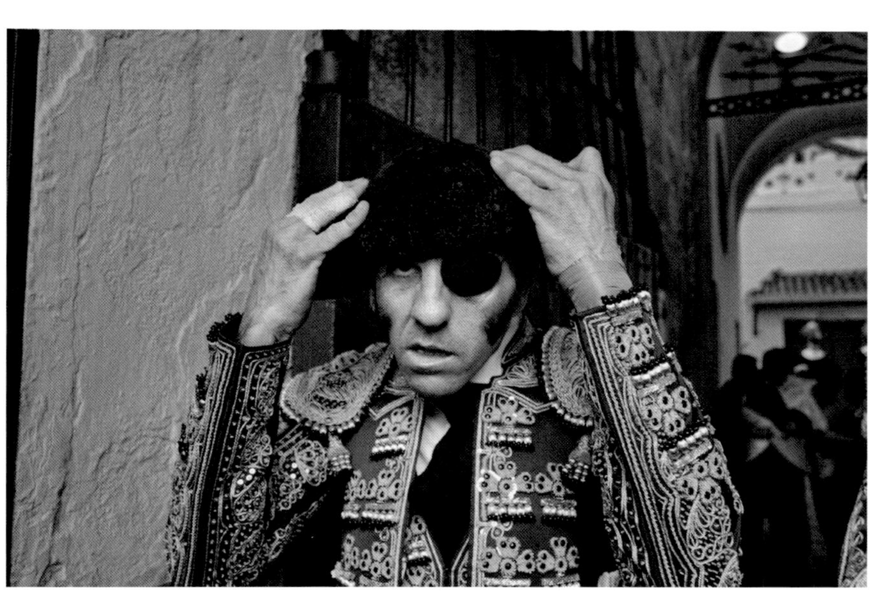

11. Juan José Padilla. Maestranza. Sevilla, 2012

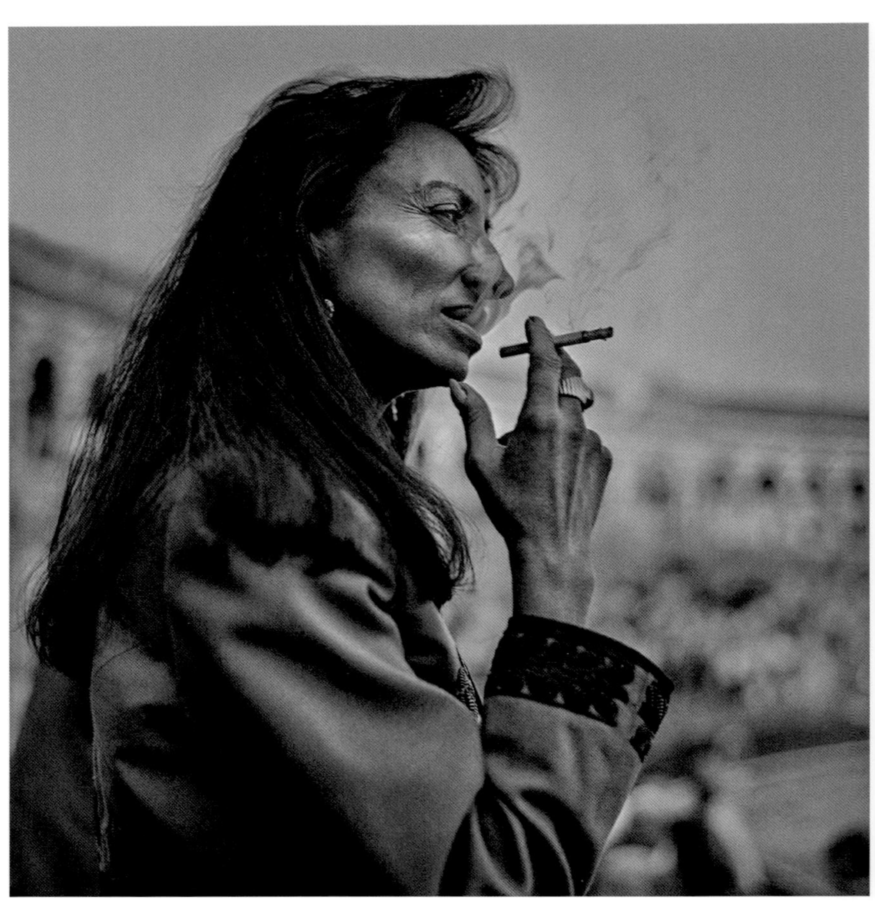

12. Aficionada. Maestranza. Sevilla, 2005

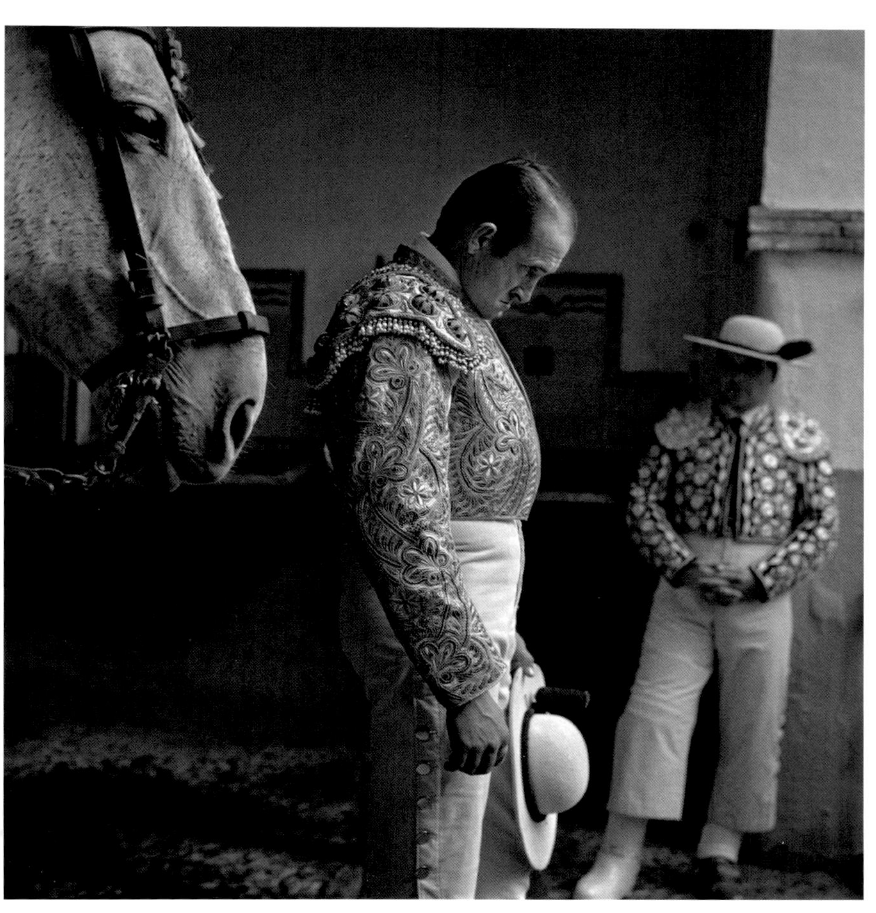

13. Juan Francisco Peña, picador. Maestranza. Sevilla, 2002

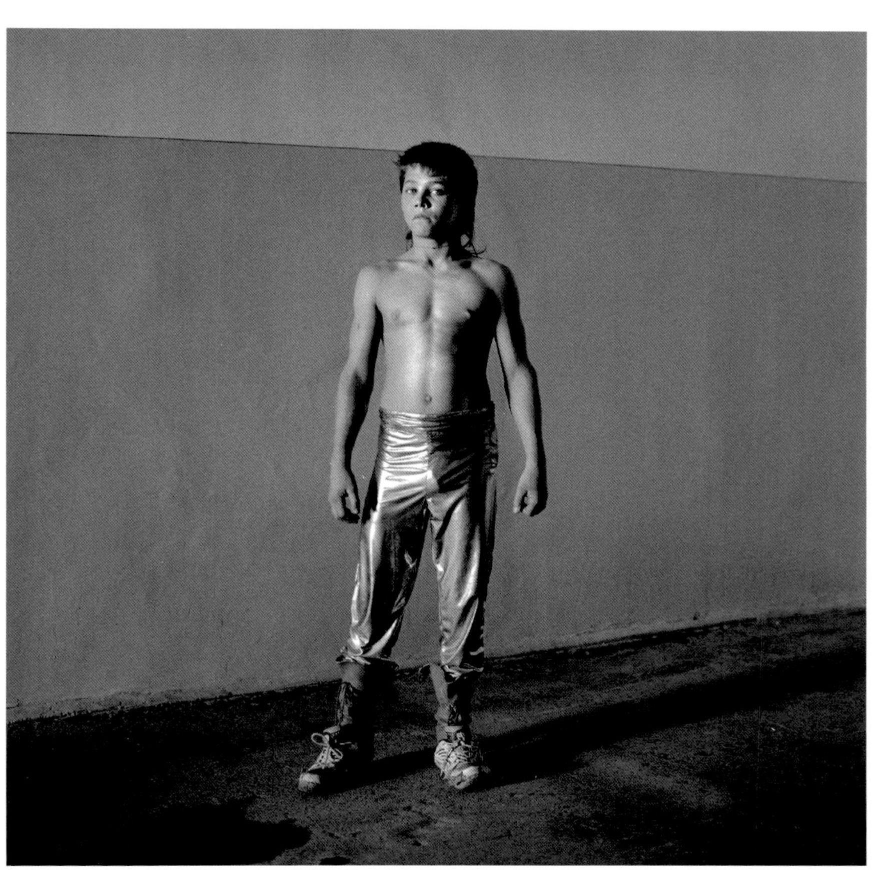

14. Circo de Tashkent. Uzbekistán, 2005

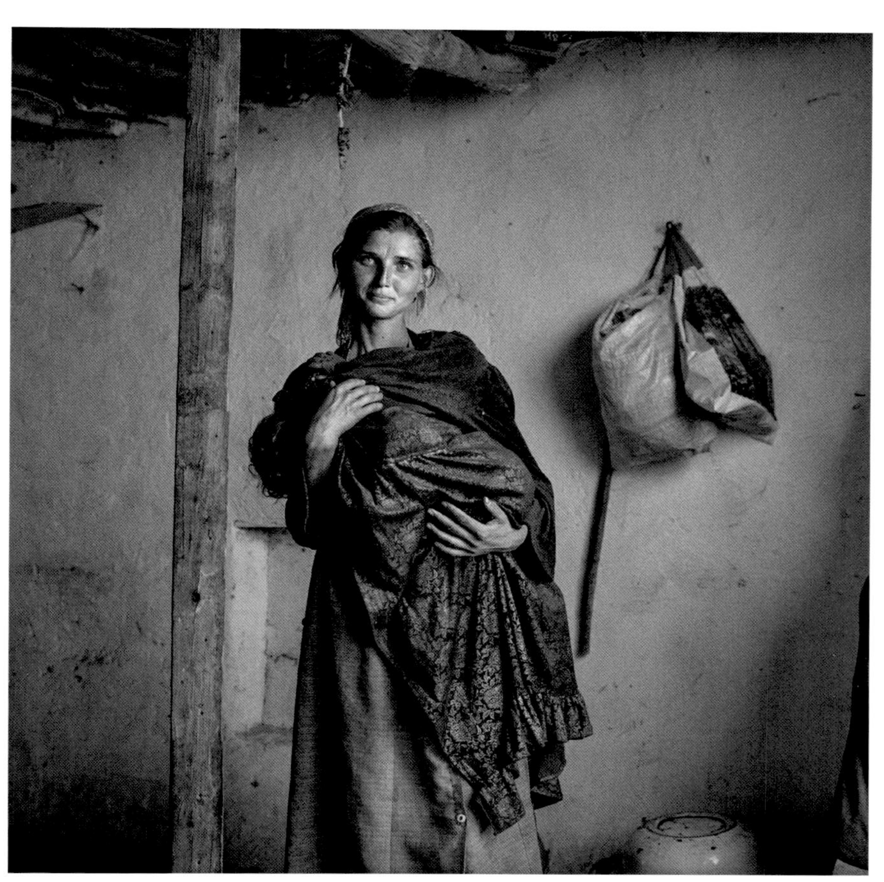

15. Bukhara, Uzbekistán, 2005

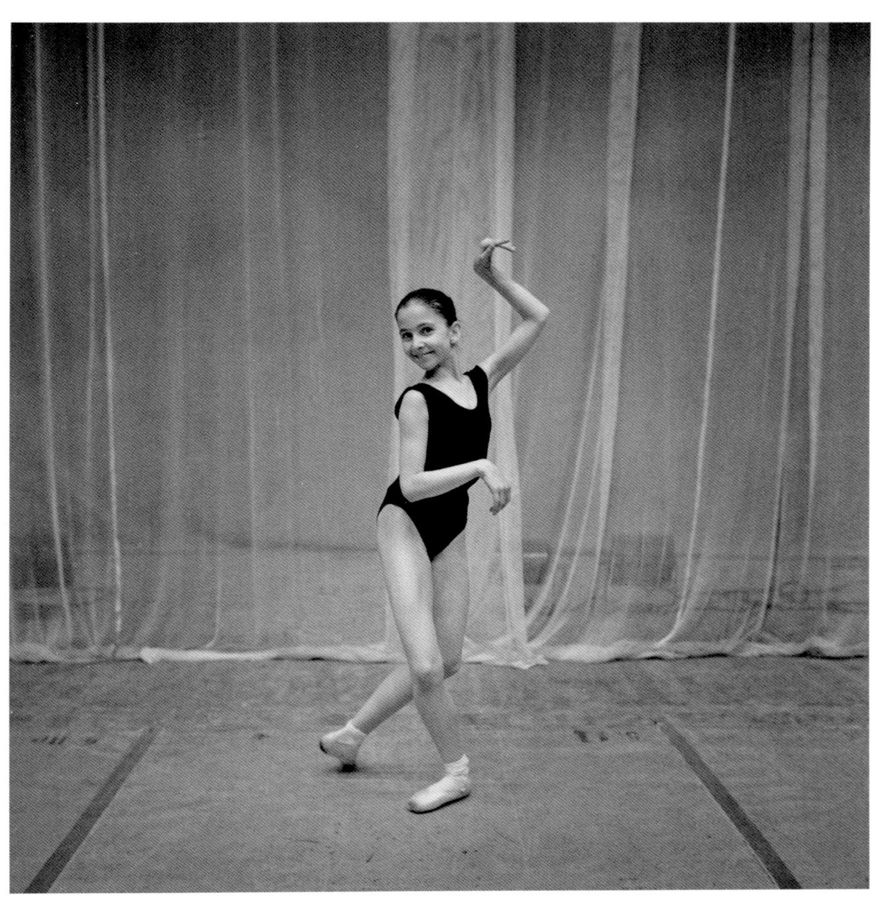

16. Teatro Nacional de Tashkent. Uzbekistán, 2005

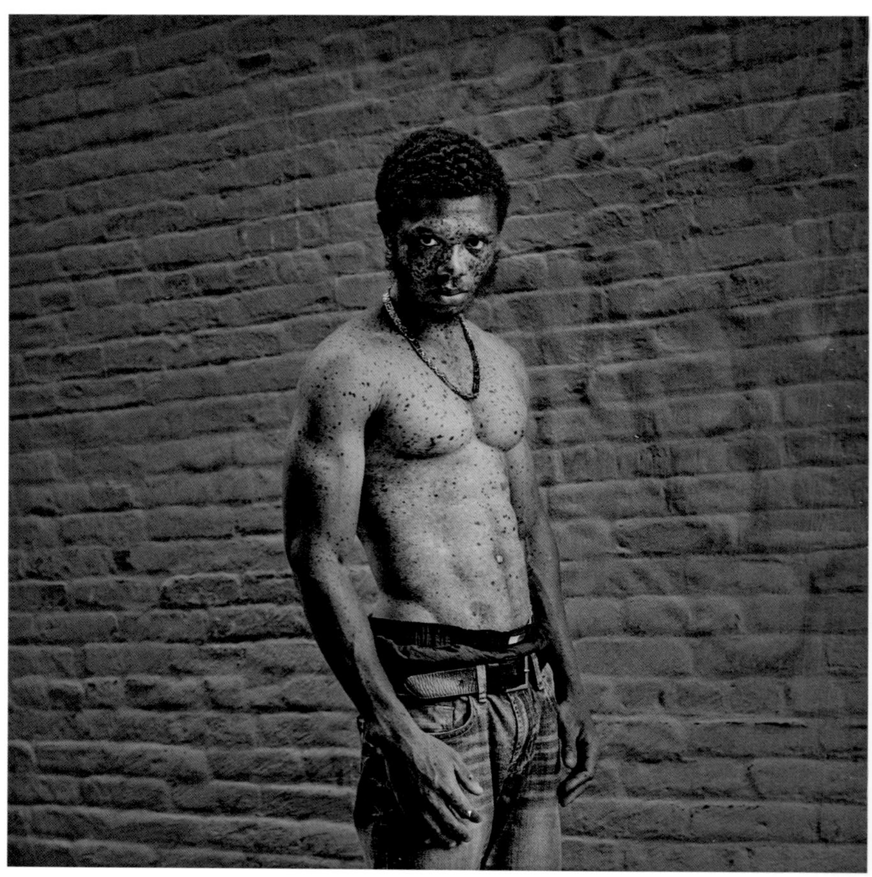

17. Brooklyn, 2014

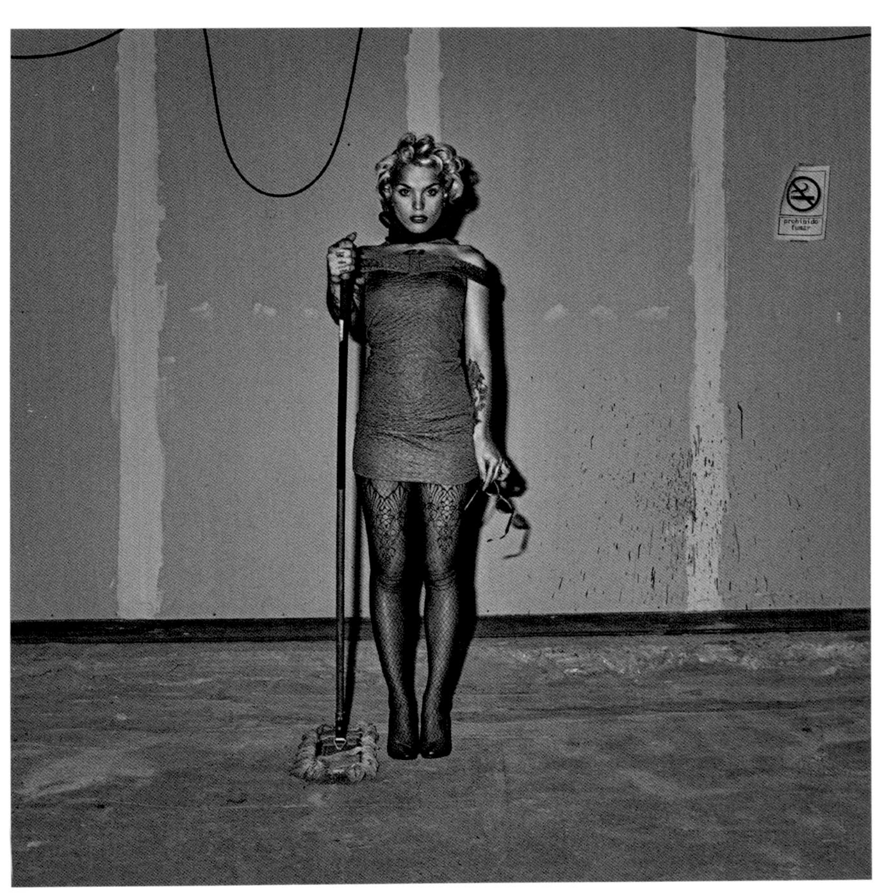

18. Vinila von Bismark. Sevilla, 2008

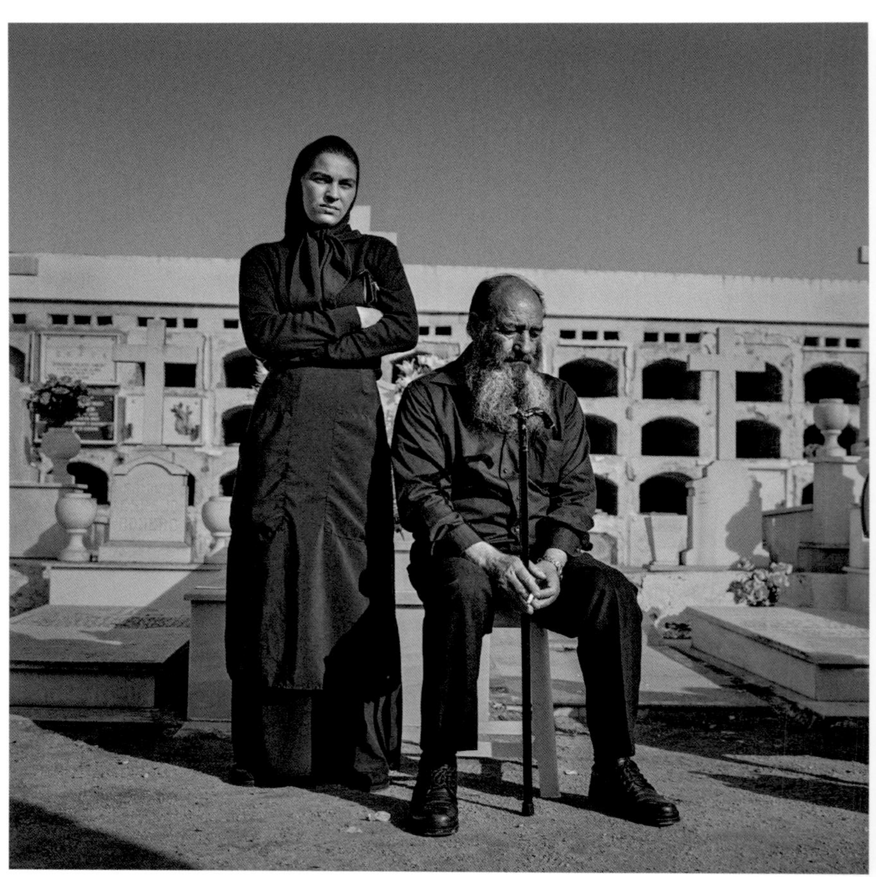

19. Familia Los Señoritos. Cementerio de San Fernando de Sevilla, 2006

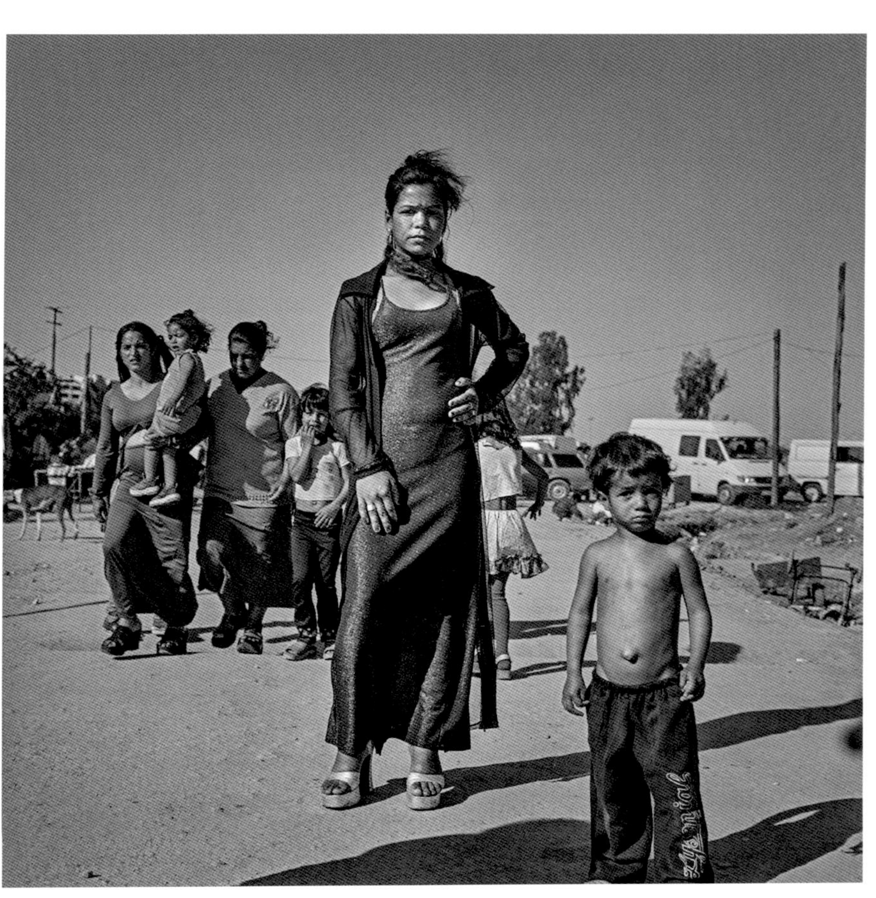

20. Karina. El Vacie, Sevilla, 2001

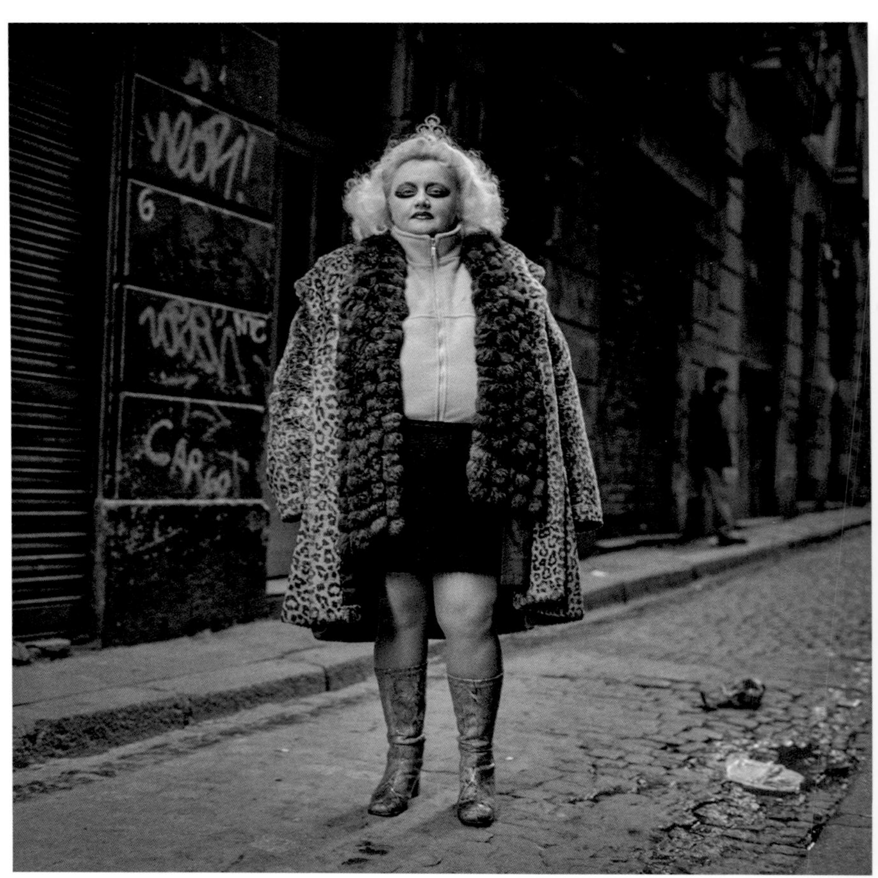

21. Mónica, la Sirenita. Barcelona, 2004

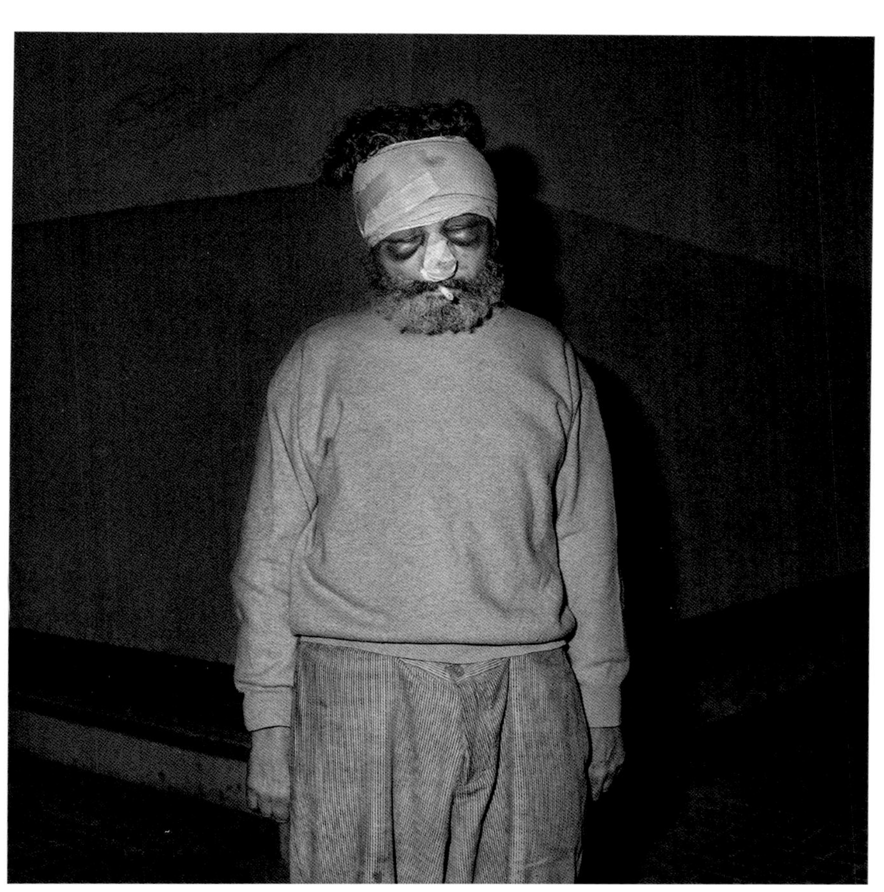

22. Antonio. Sevilla, 2008

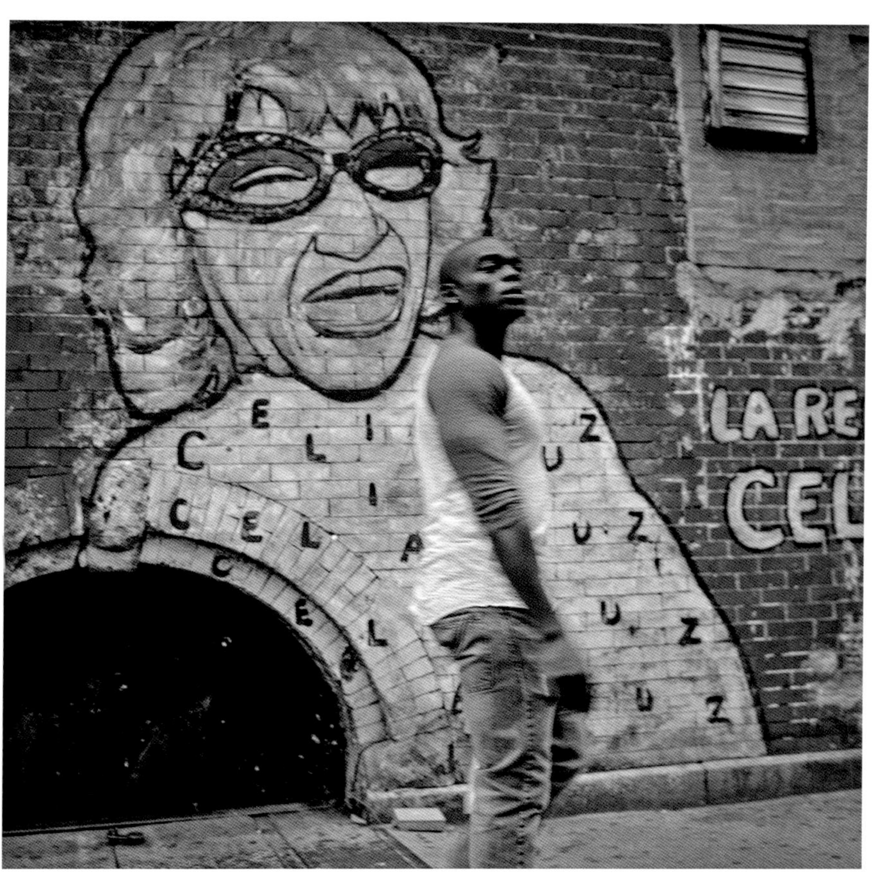

23. Harlem, Nueva York, 2014

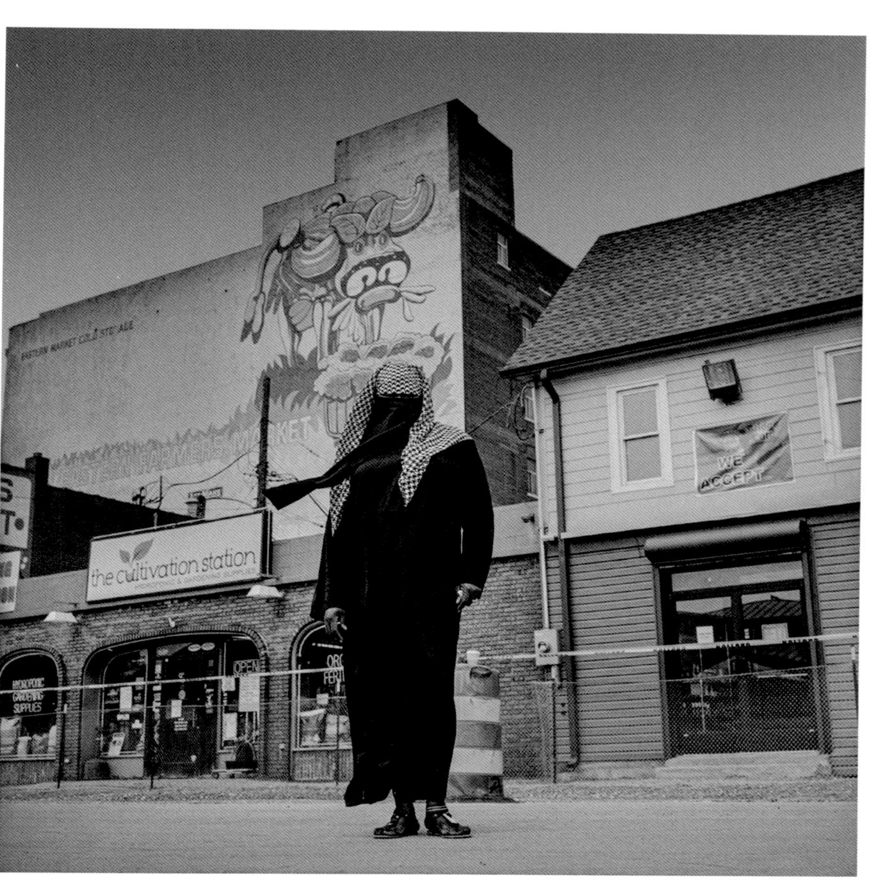

24. Eastern Market, Detroit, 2014

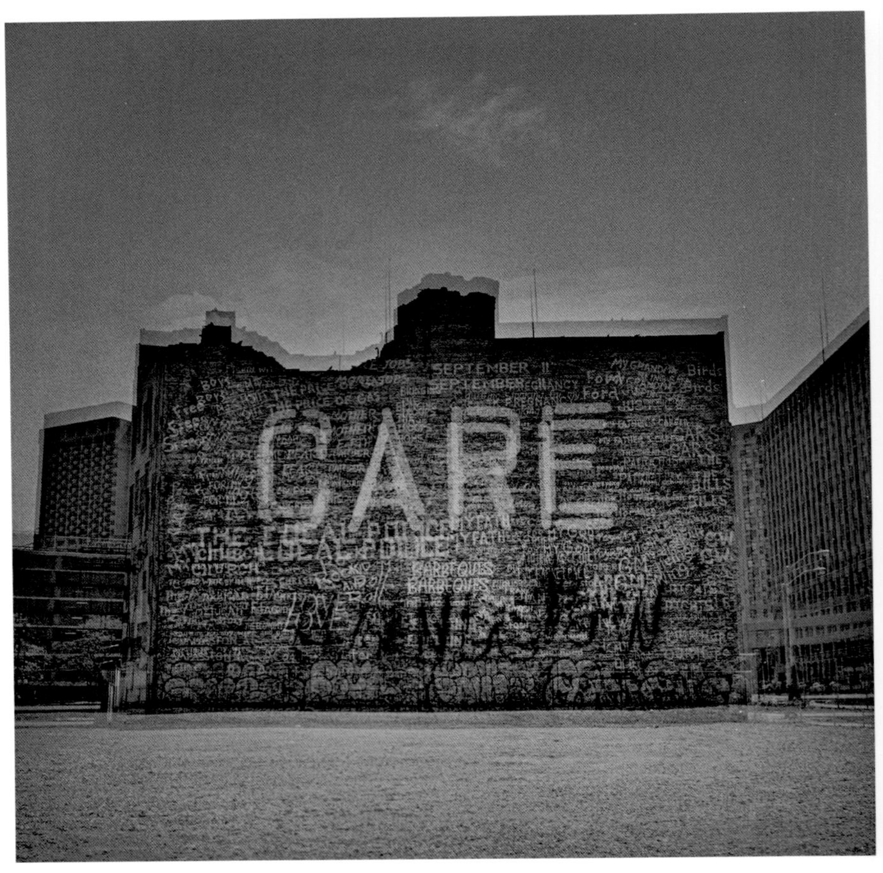

25. Detroit, 2014

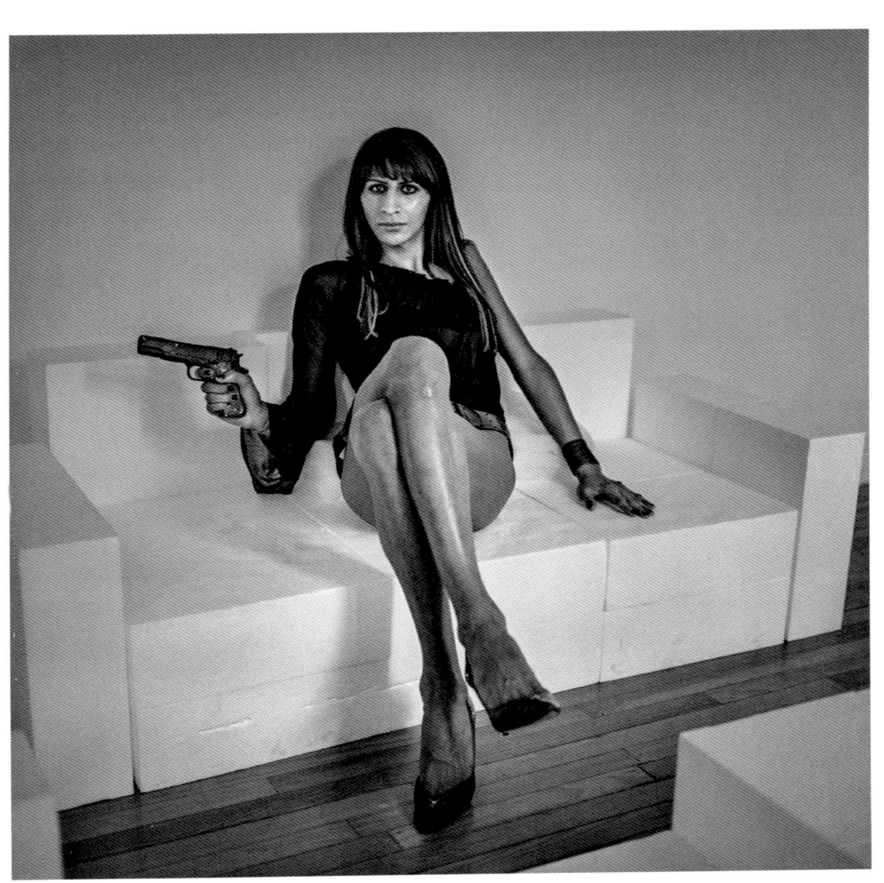

26. Victoria Fox. México D.F., 2002

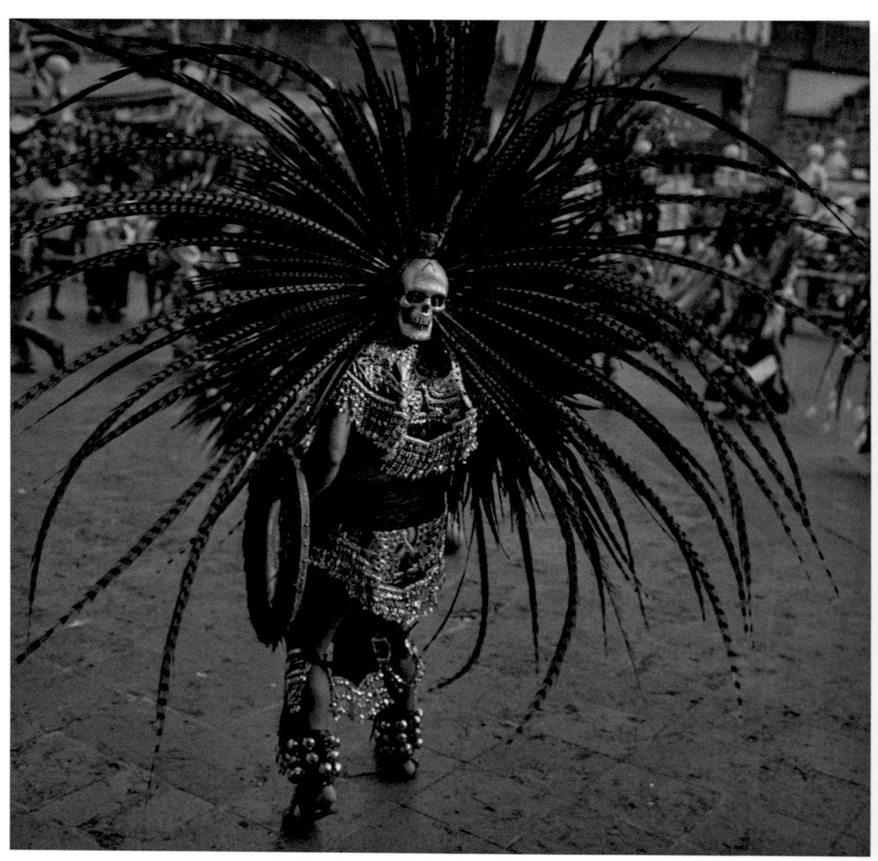

27. Danza mexica. Chalma, México, 2002

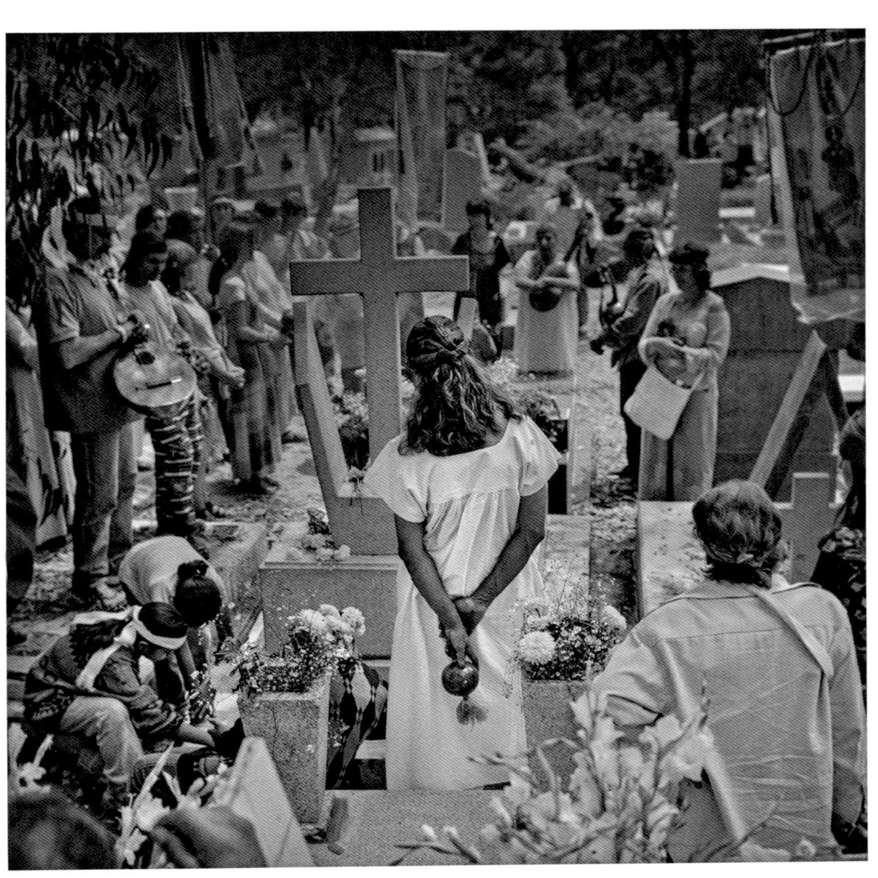

28. Irma Nanita. México D.F., 2002

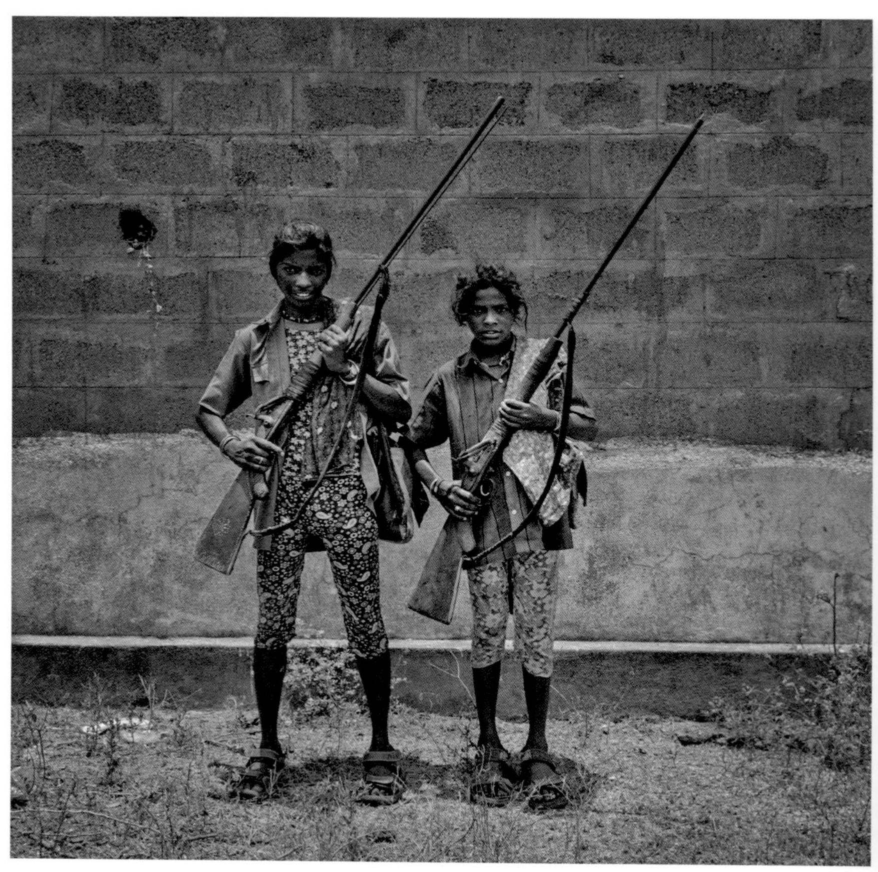

29. Gipsy hunters. Tamil Nadu, India, 2010

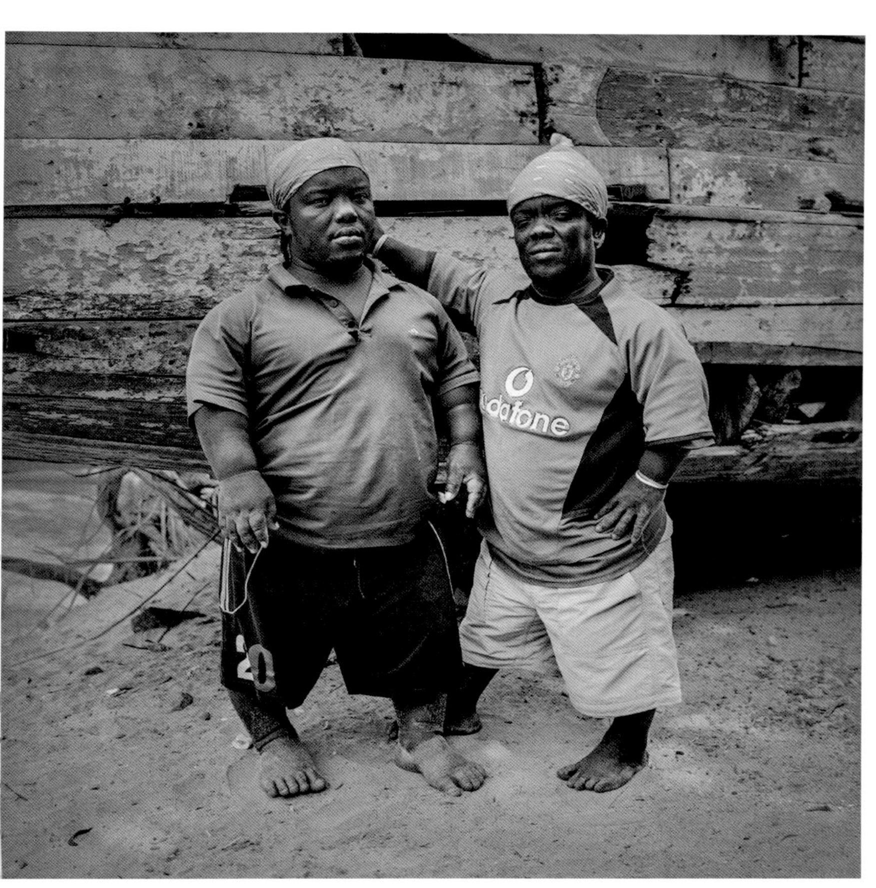

30. Pescadores. Tarrafal, Cabo Verde, 2014

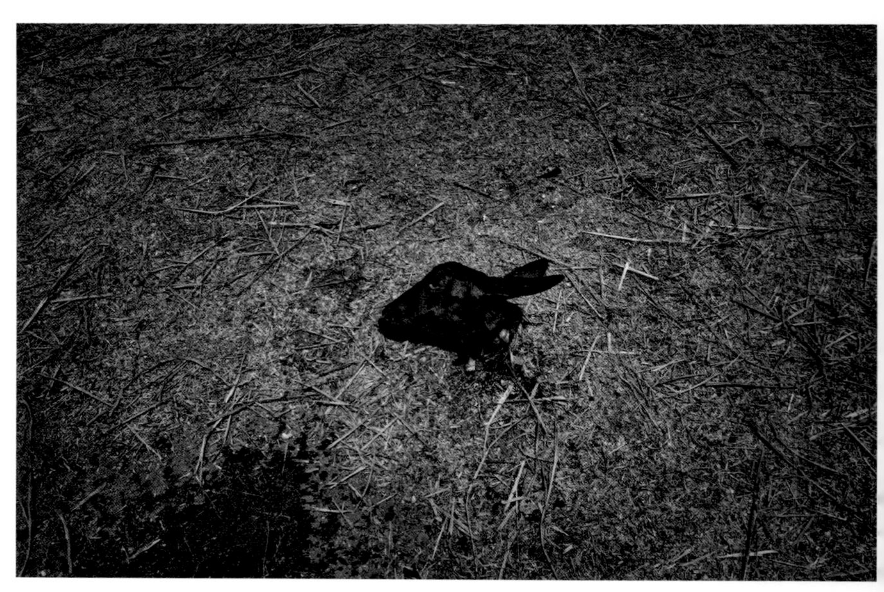

31. Sacrificio. Tamil Nadu, India, 2010

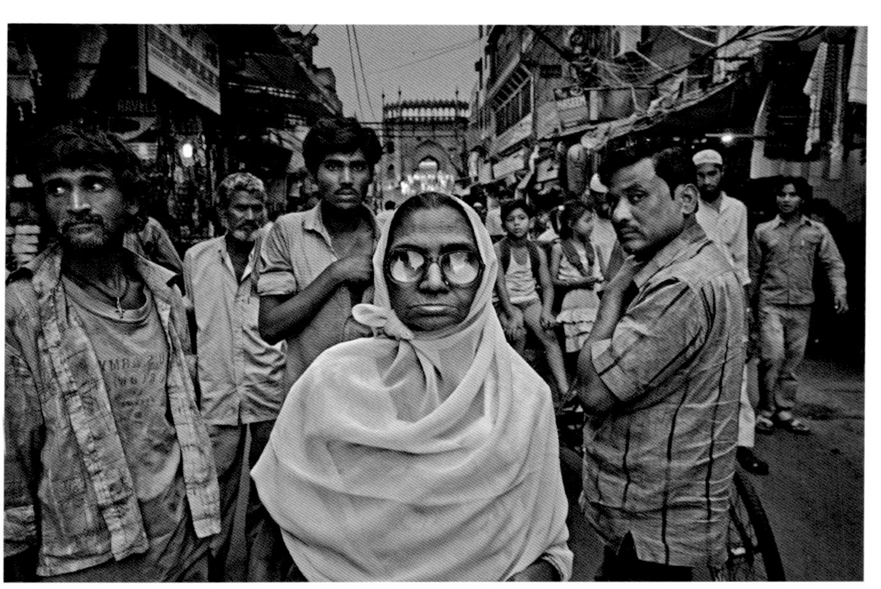

32. Red light district, Old Delhi, India, 2010

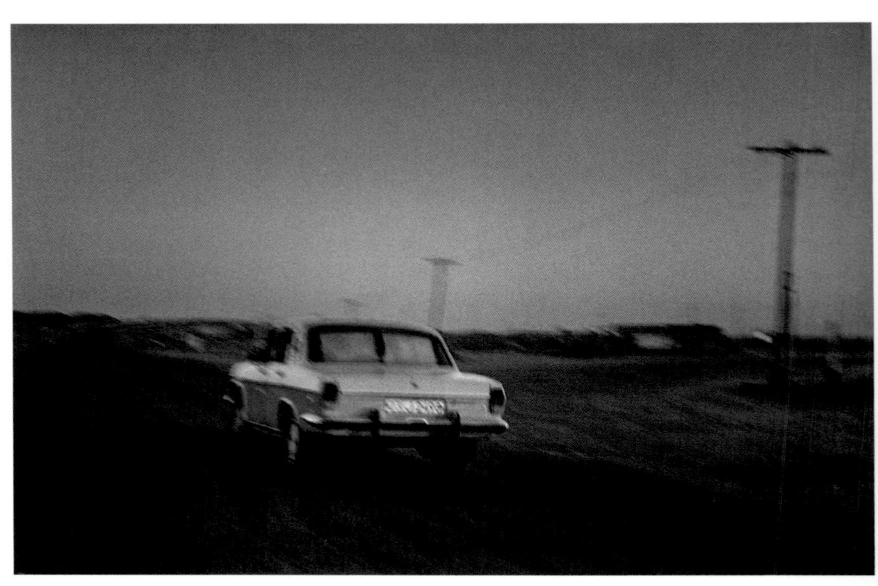

33. Desierto de Kyzylkum, Uzbekistán, 2005

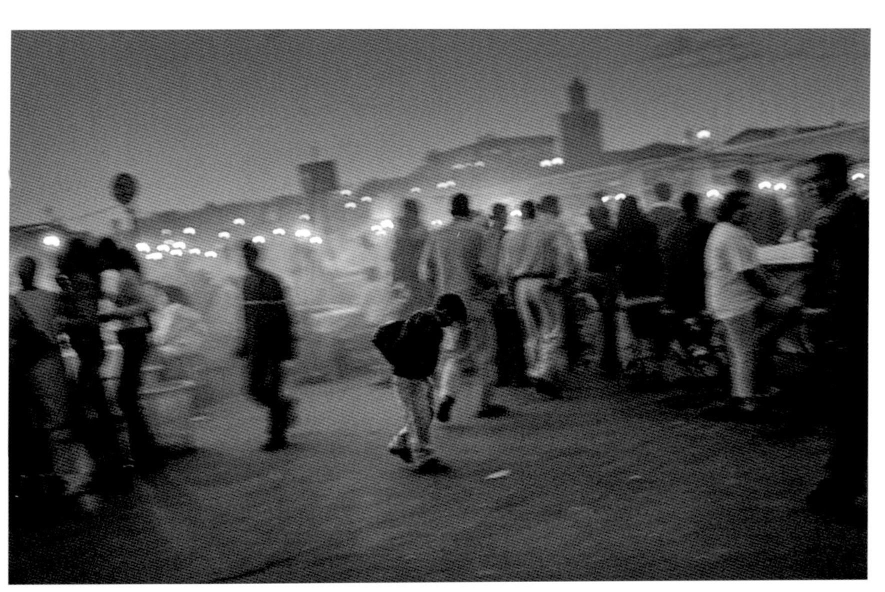

34. Jamaa el-Fna. Marrakech, 2003

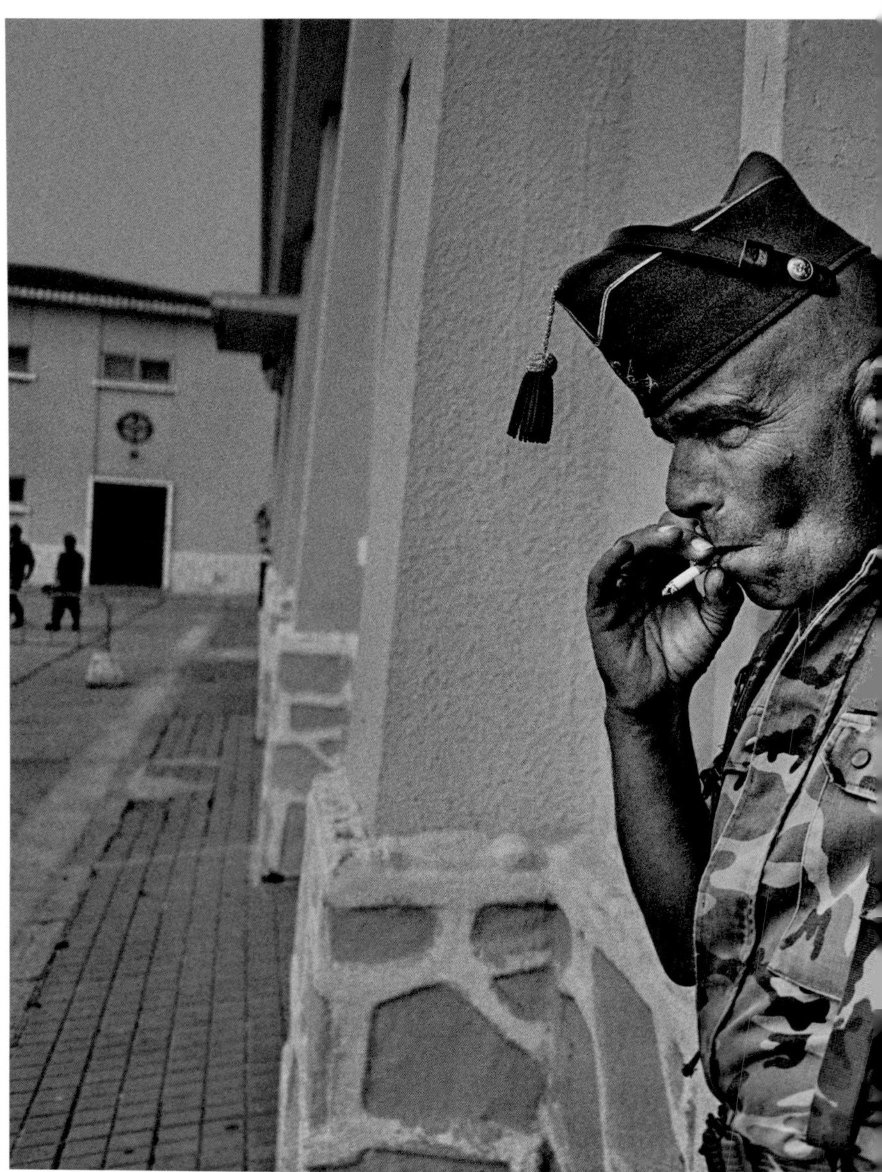

35. Tercio Duque de Alba, Segunda de la Legión, Cuarta Bandera. Ceuta, 2009

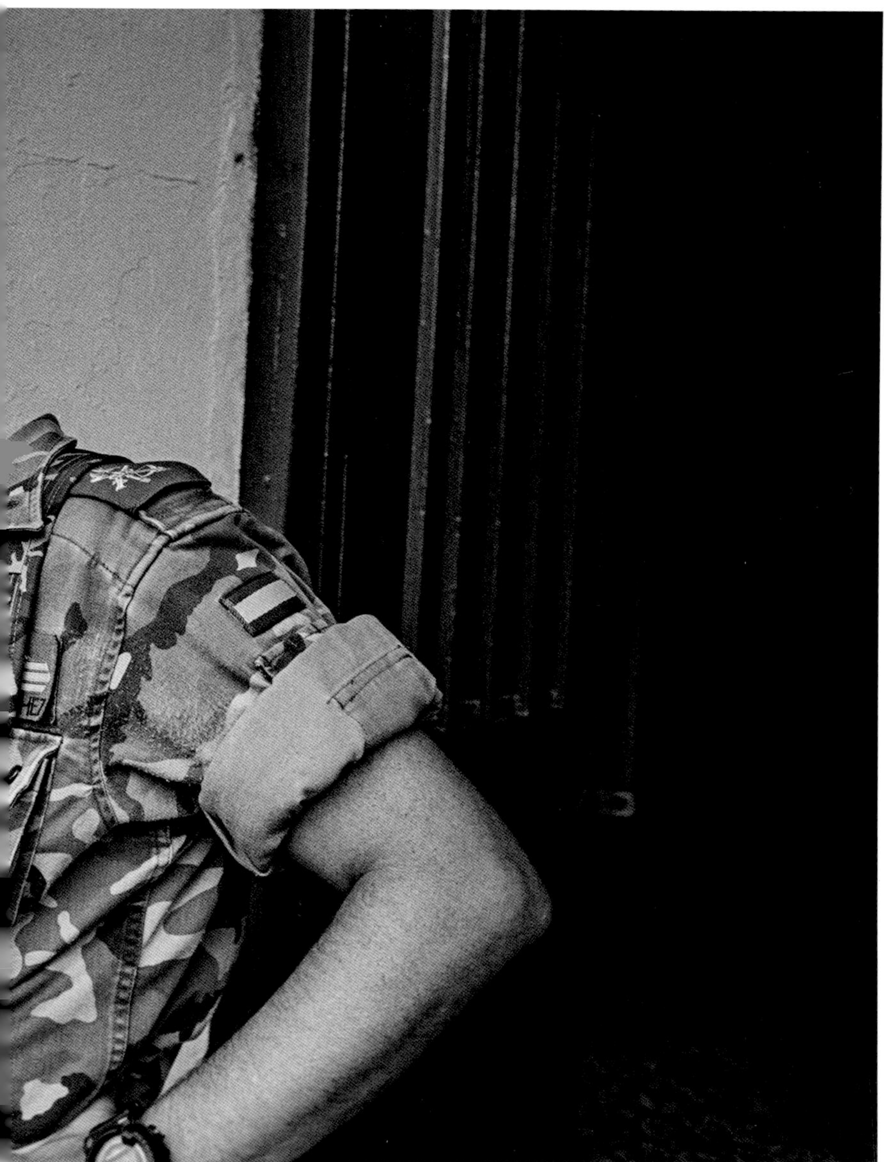

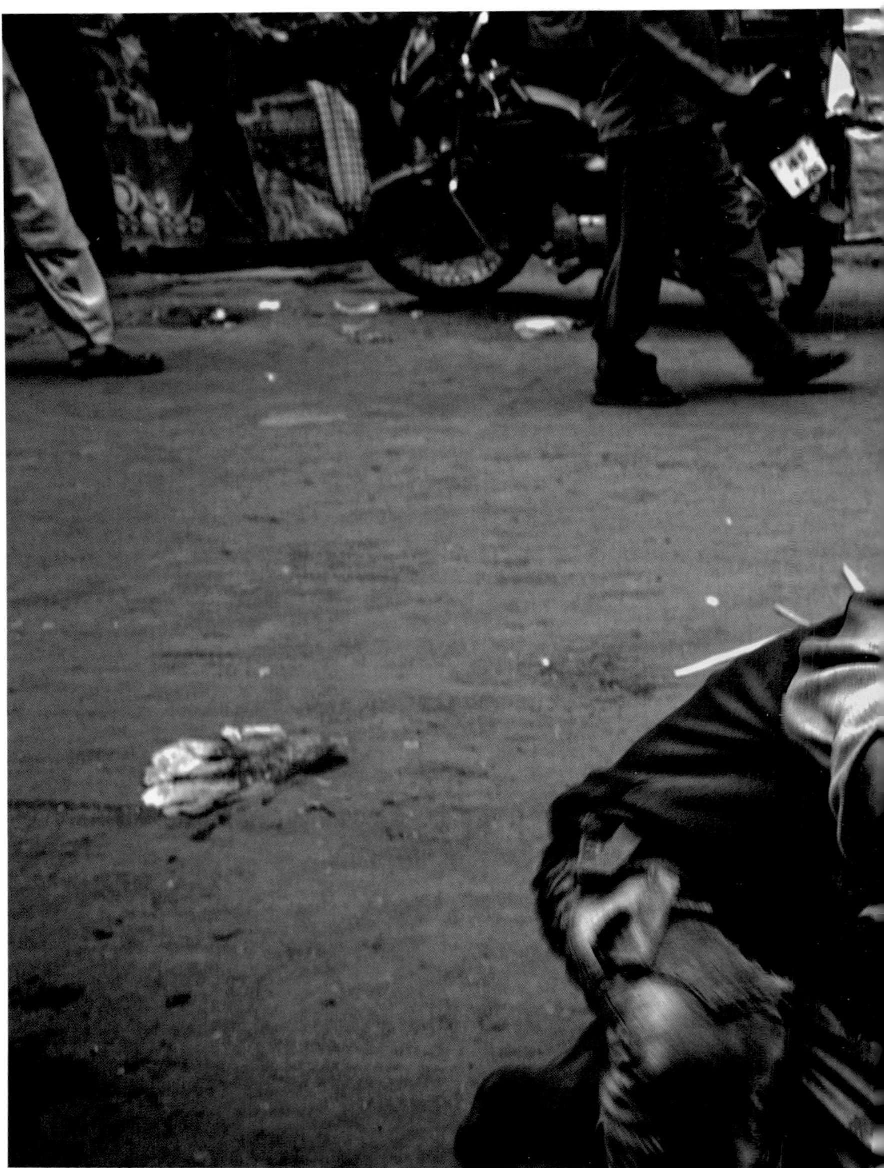

36. Red light district, Old Delhi, India, 2010

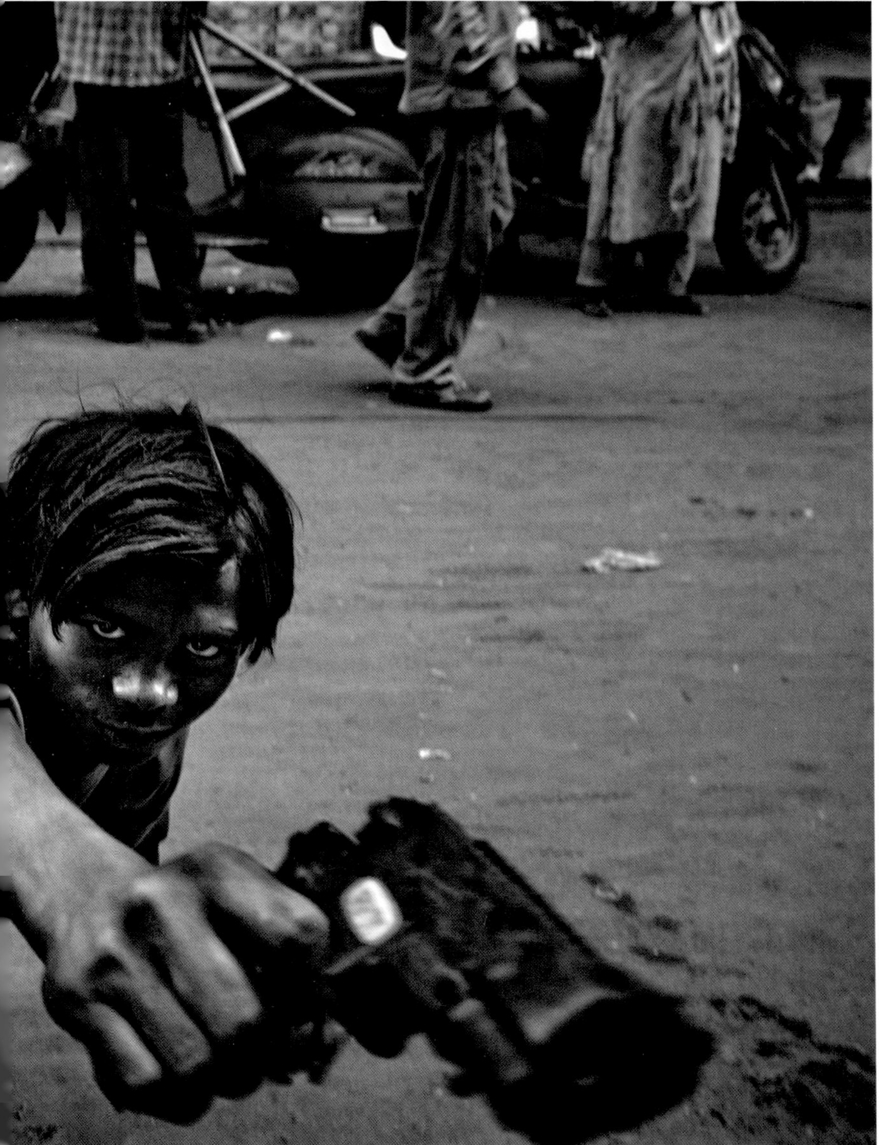

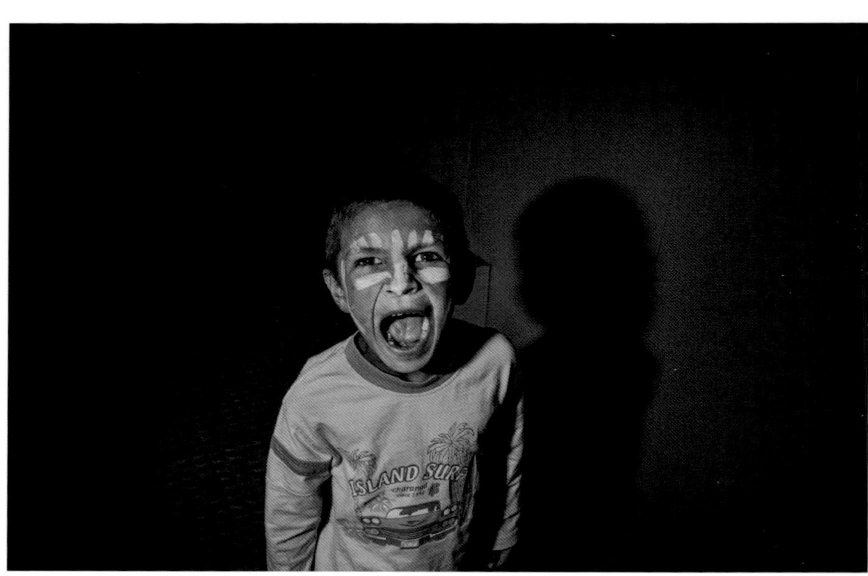

37. El Vacie, Sevilla, 2013

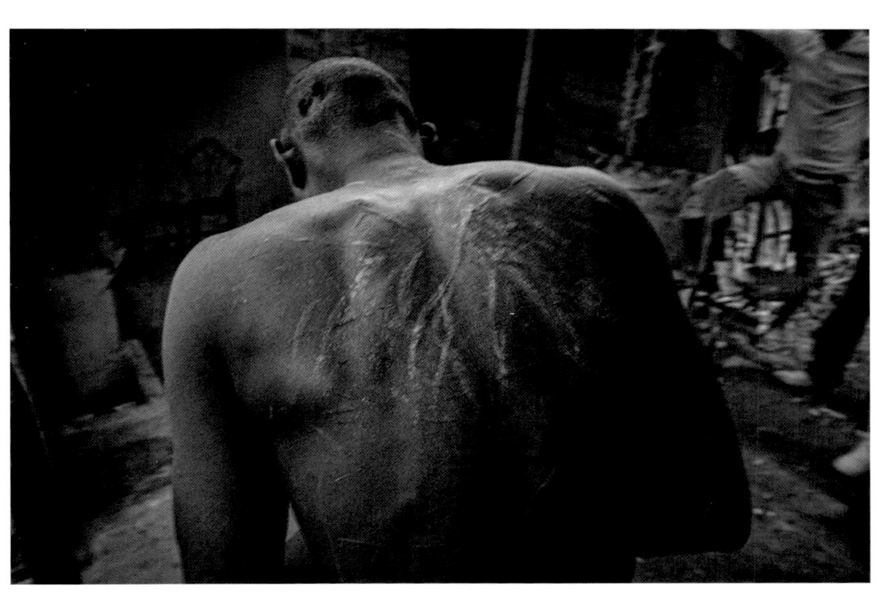

38. Guanabacoa, La Habana, 2010

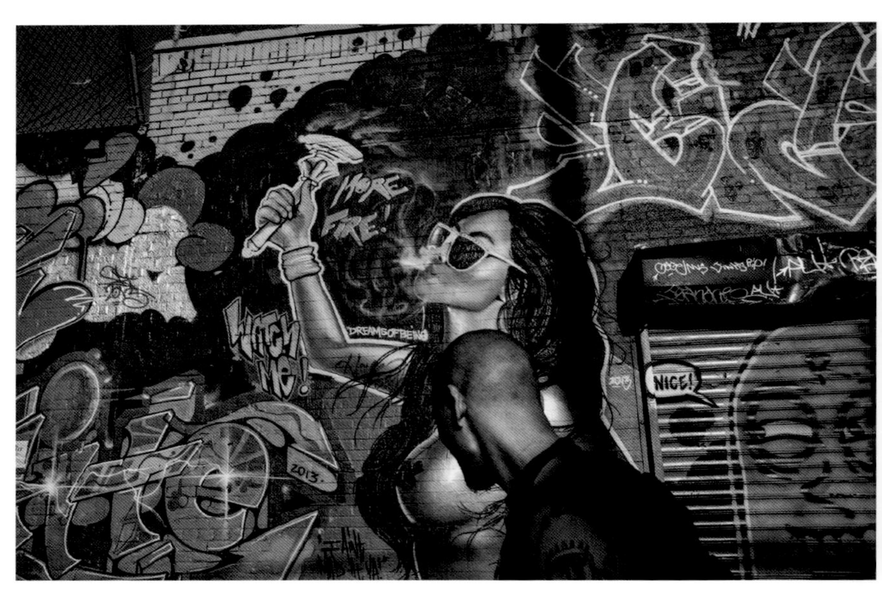

39. Bronx, Nueva York, 2014

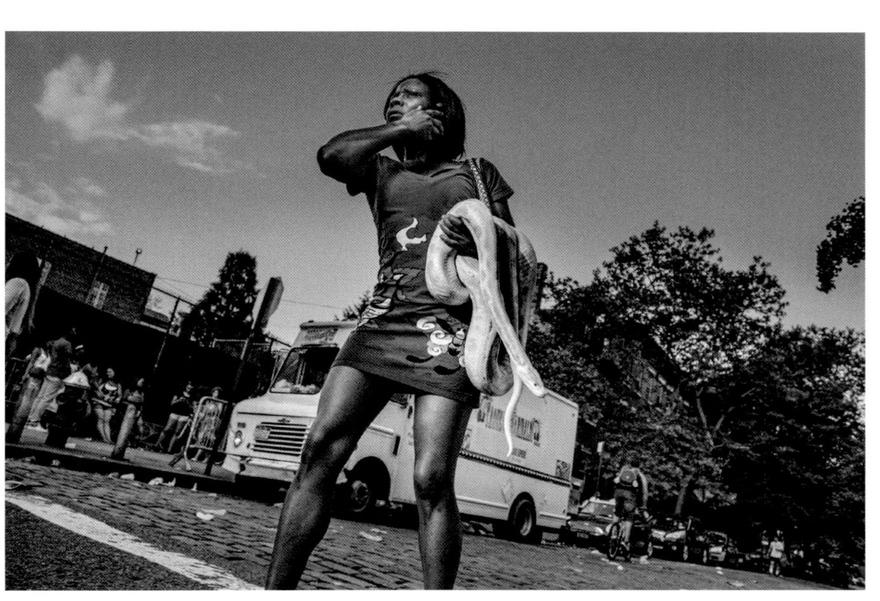

40. Nueva York, 2014

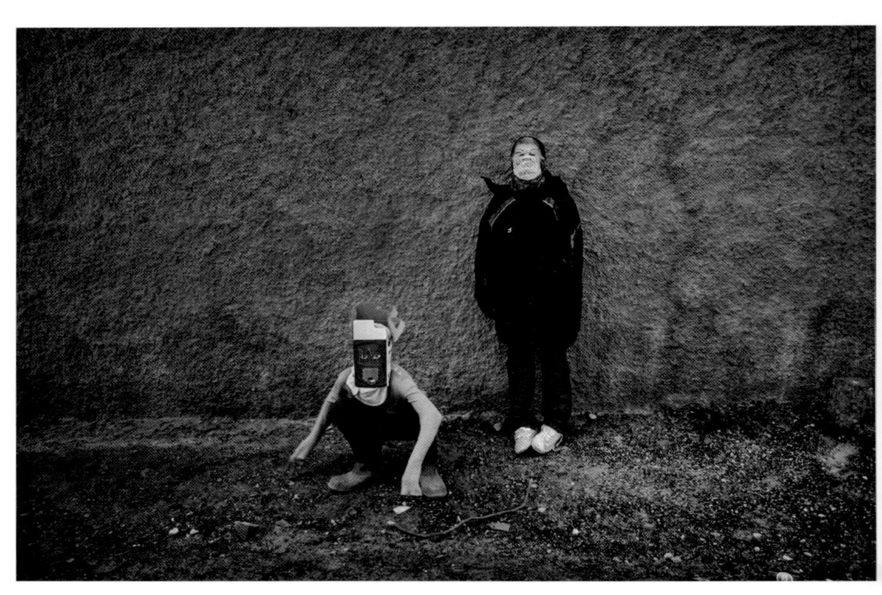

41. Carnaval de Mindelo, Cabo Verde, 2014

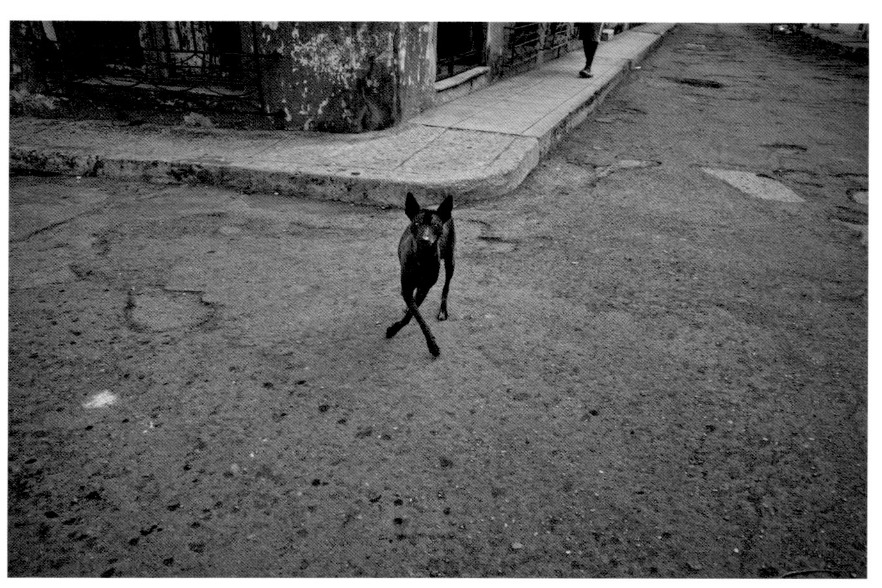

42. Guanabacoa, la Habana, 2010

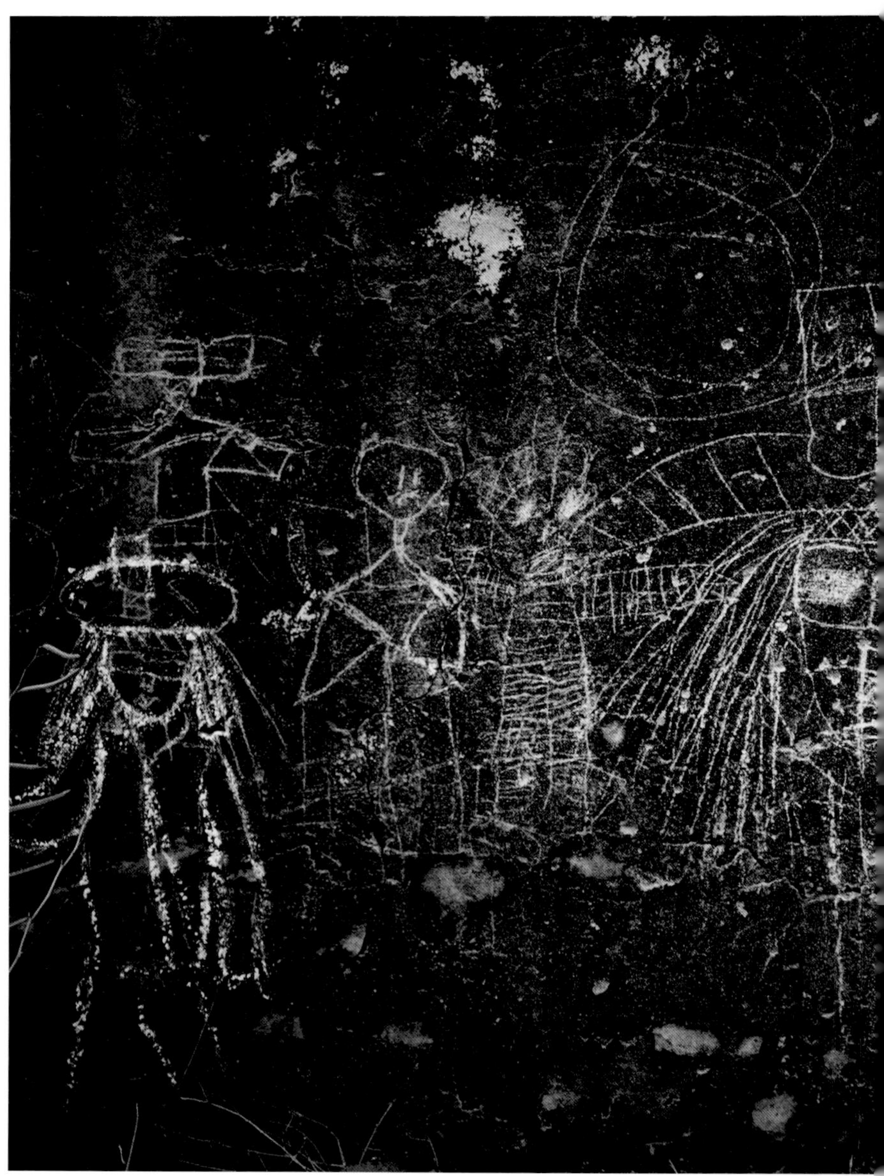

43. Grafiti kõro, Burkina Faso, 2012

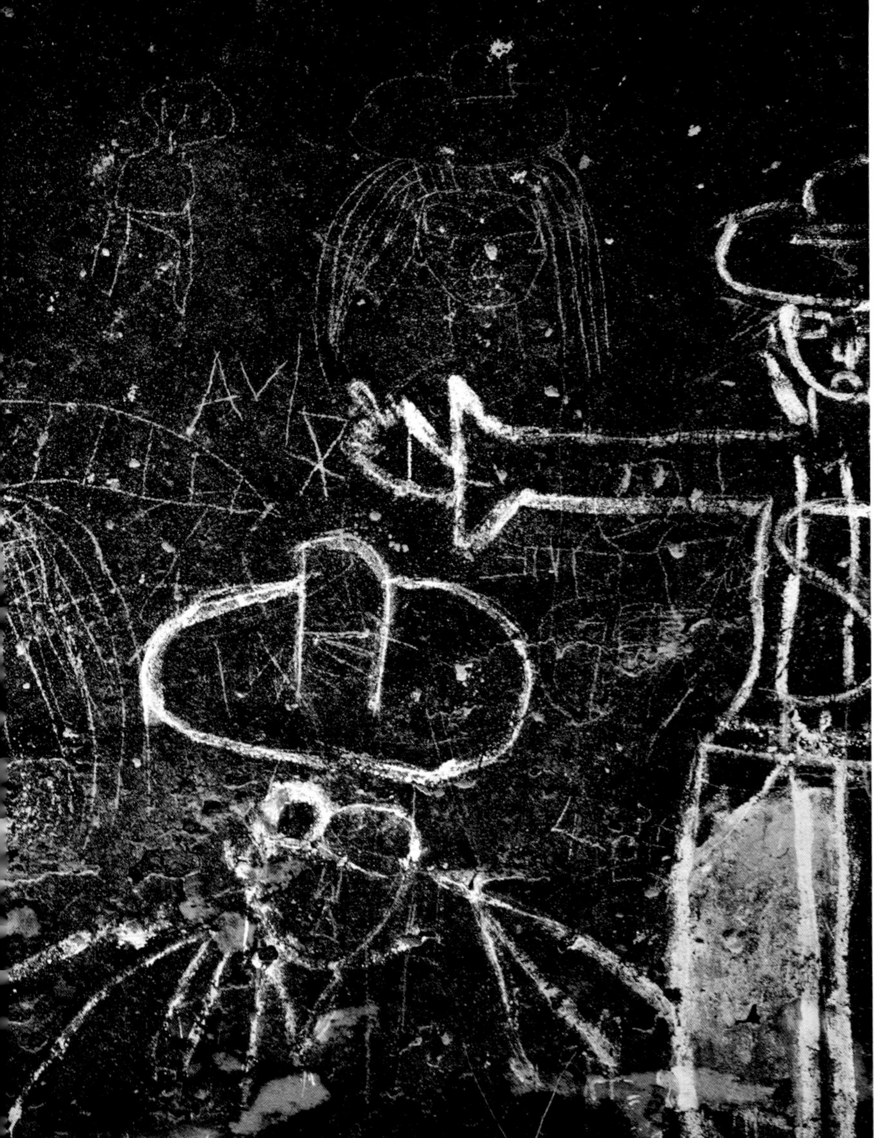

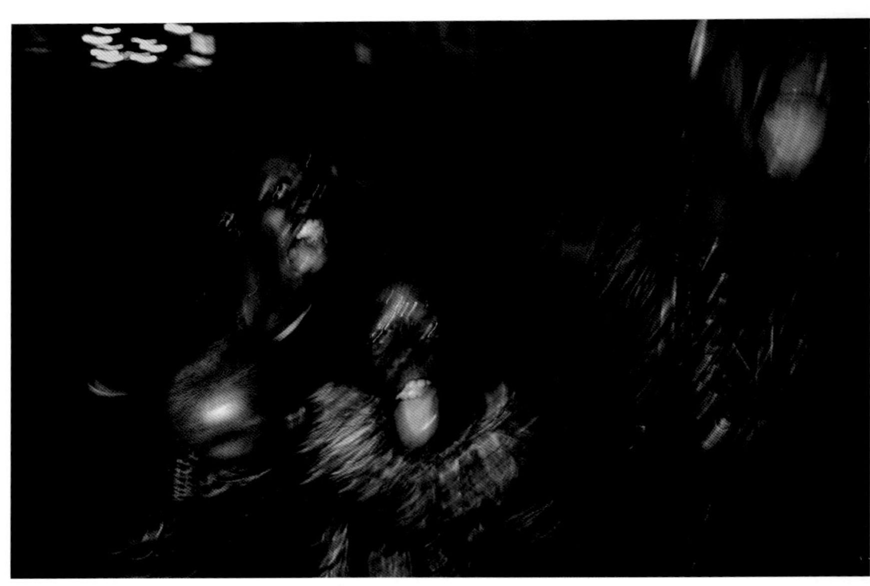

44. Mandingas. Carnaval de Mindelo. Cabo Verde, 2014

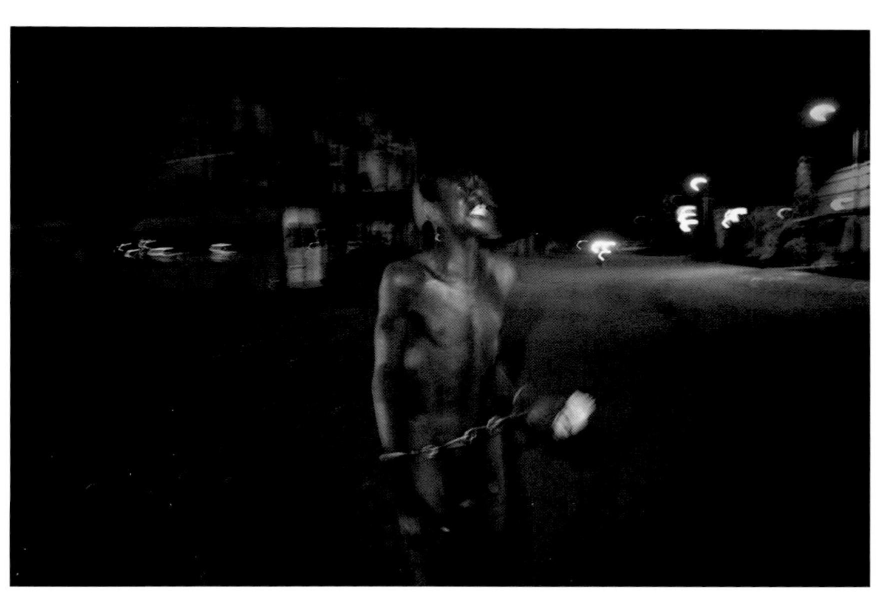

45. Burkina Faso, 2012

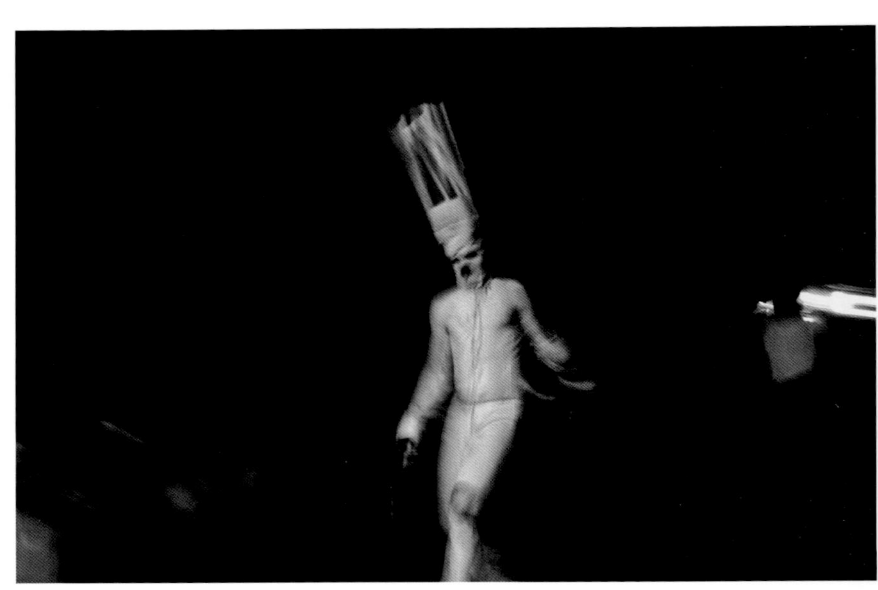

46. Máscara Boro. Burkina Faso, 2012

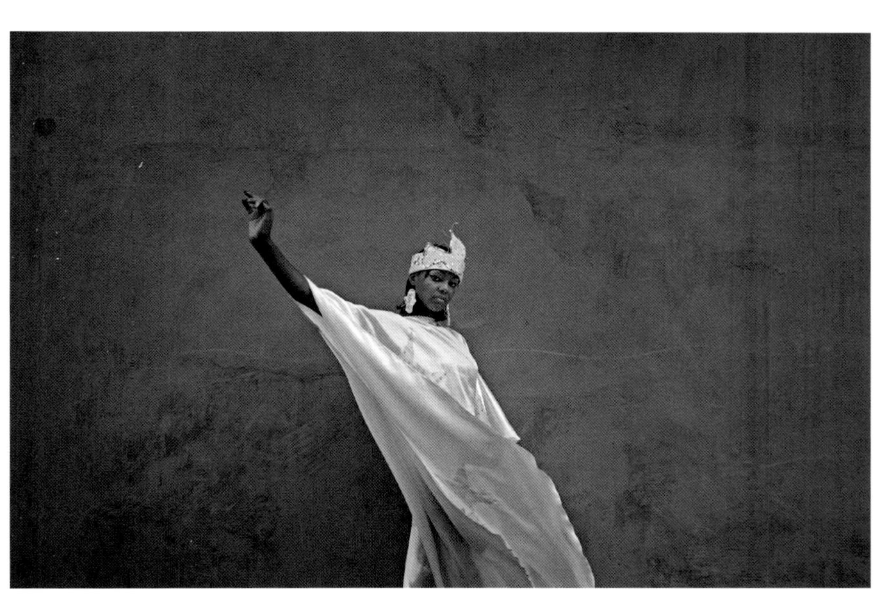

47. Obatalá. Habana Vieja, Cuba, 2010

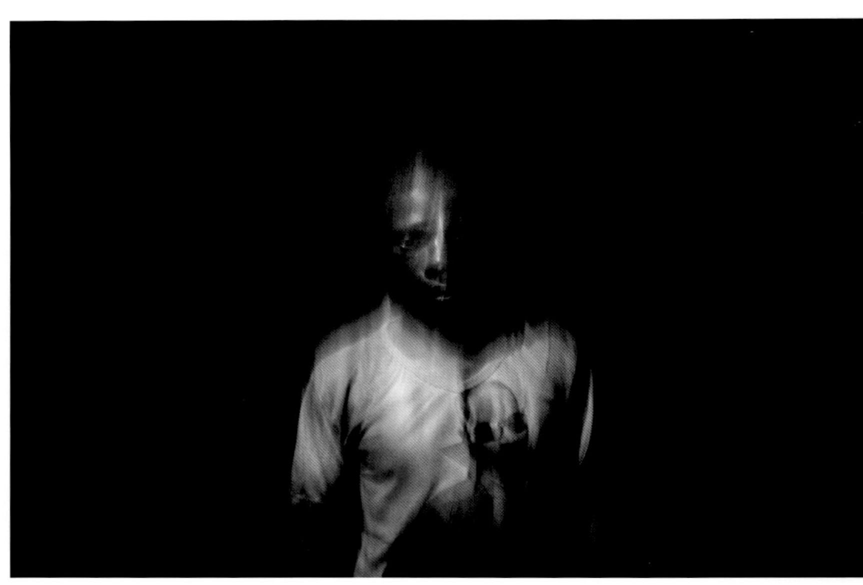

48. Pigmeo baka. Camerún, 2015

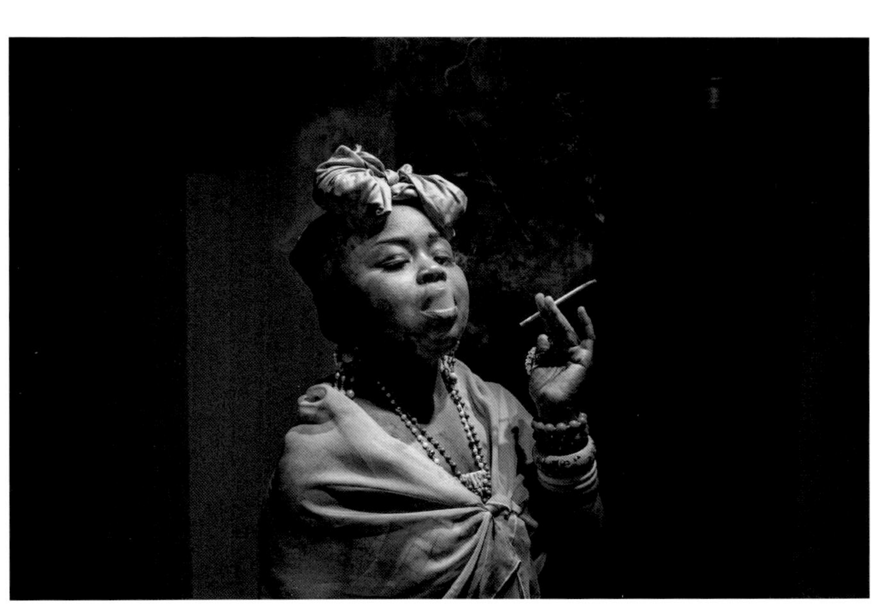

49. Detroit, 2014

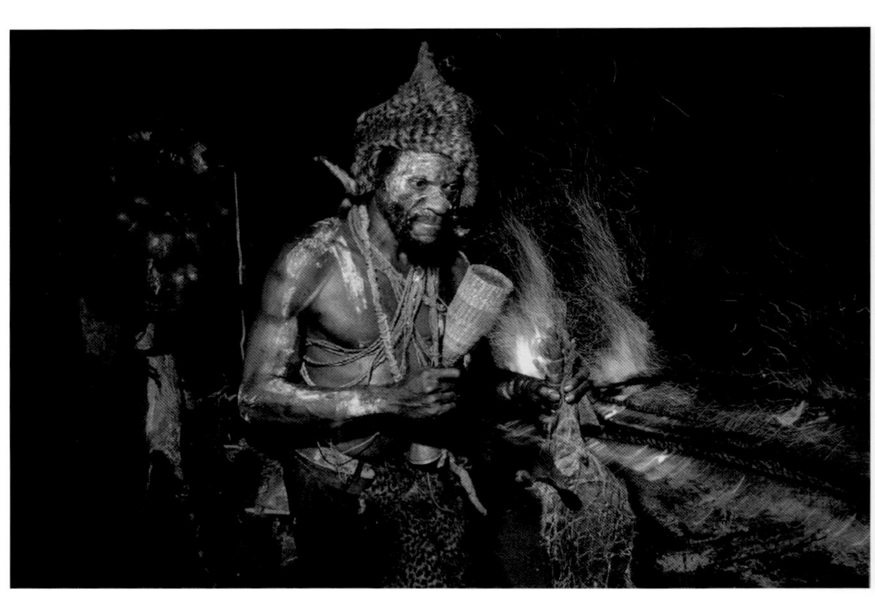

50. Papá Yeyé. Pigmeo baka. Camerún, 2014

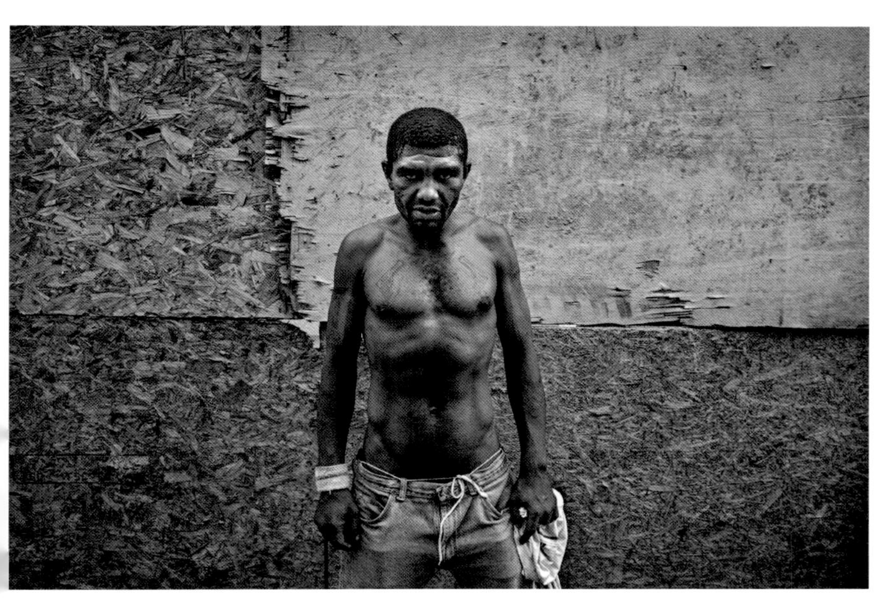

51. Favelas de Mindelo. Cabo Verde, 2014

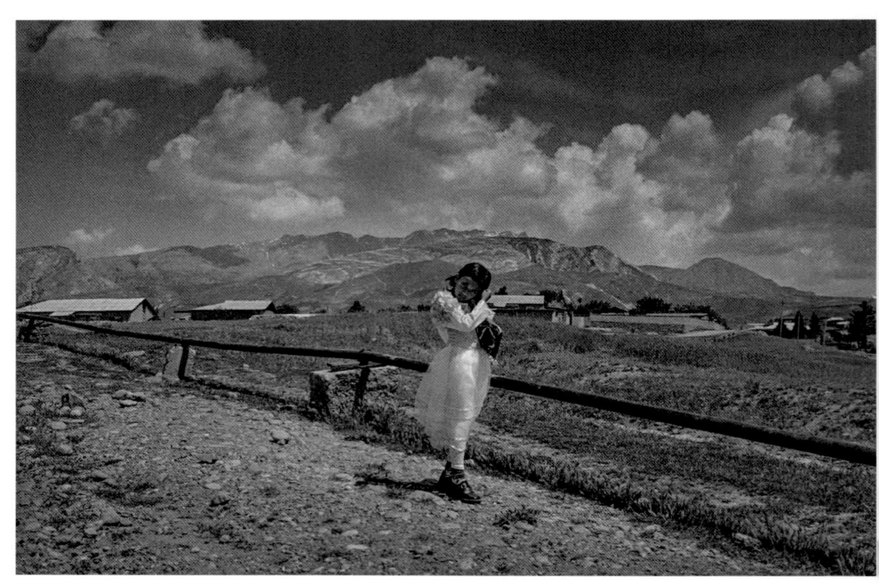

52. Boyson Bahori. Uzbekistán, 2005

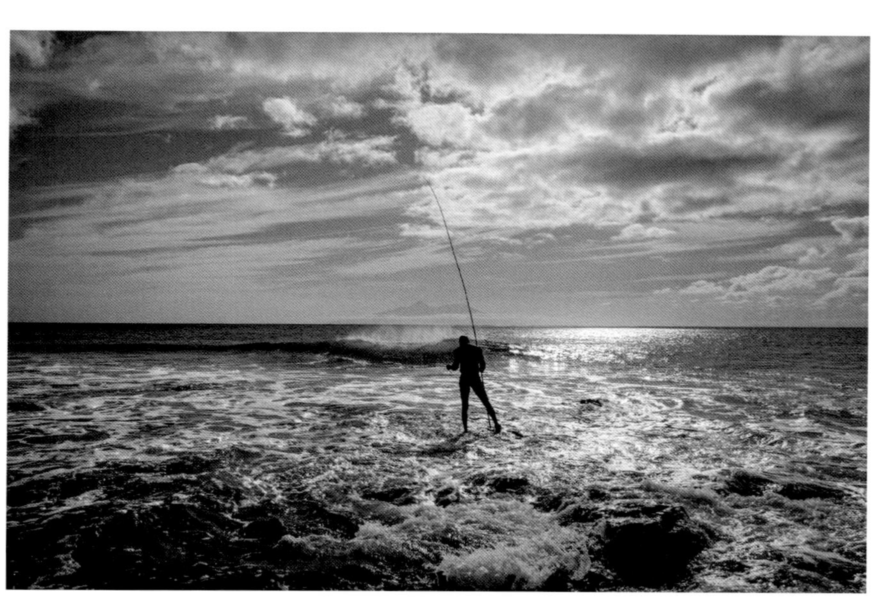

53. Pescador. Tarrafal, Cabo Verde, 2014

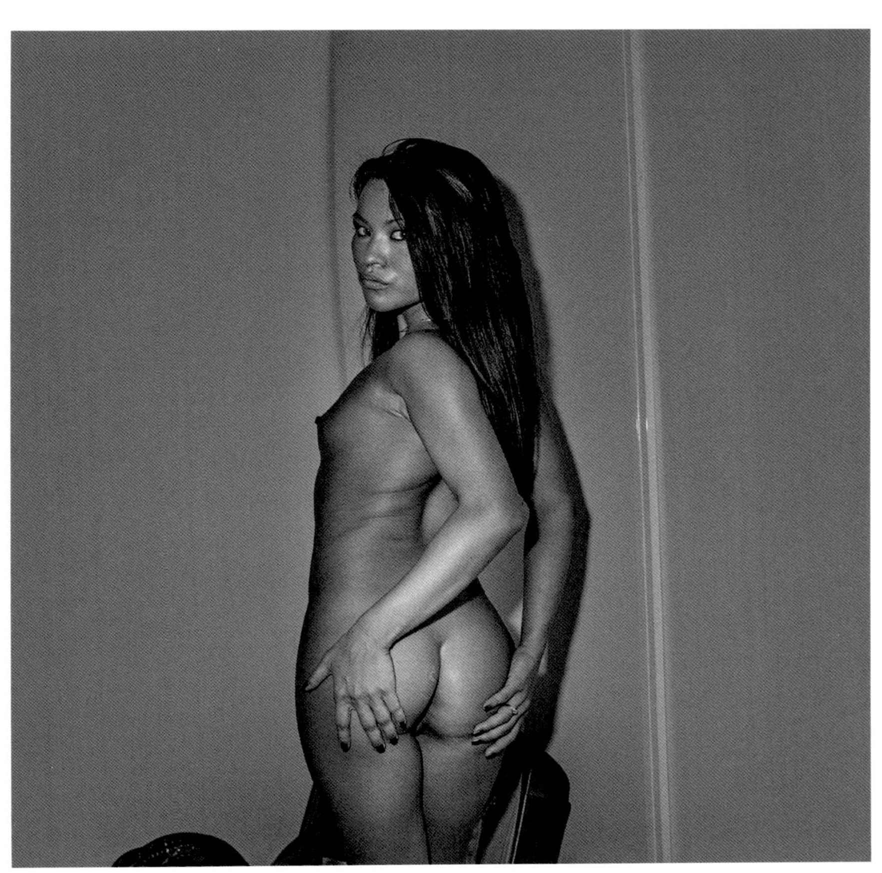

54. Lady Mae. Sevilla, 2009

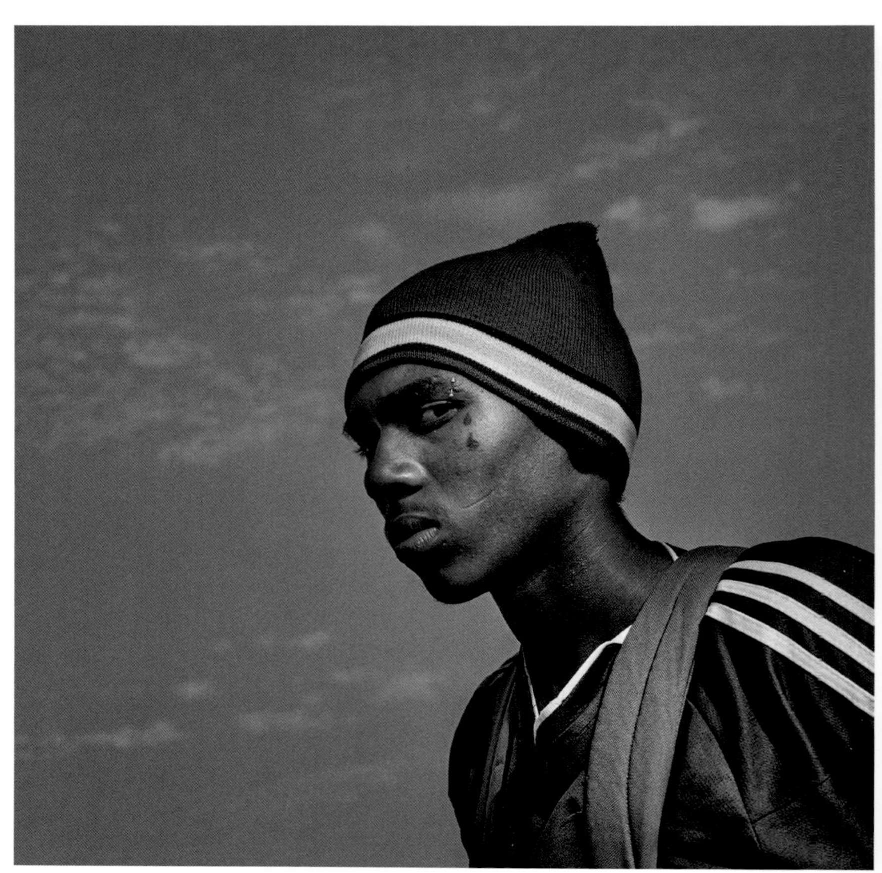

55. Praia, Cabo Verde, 2014

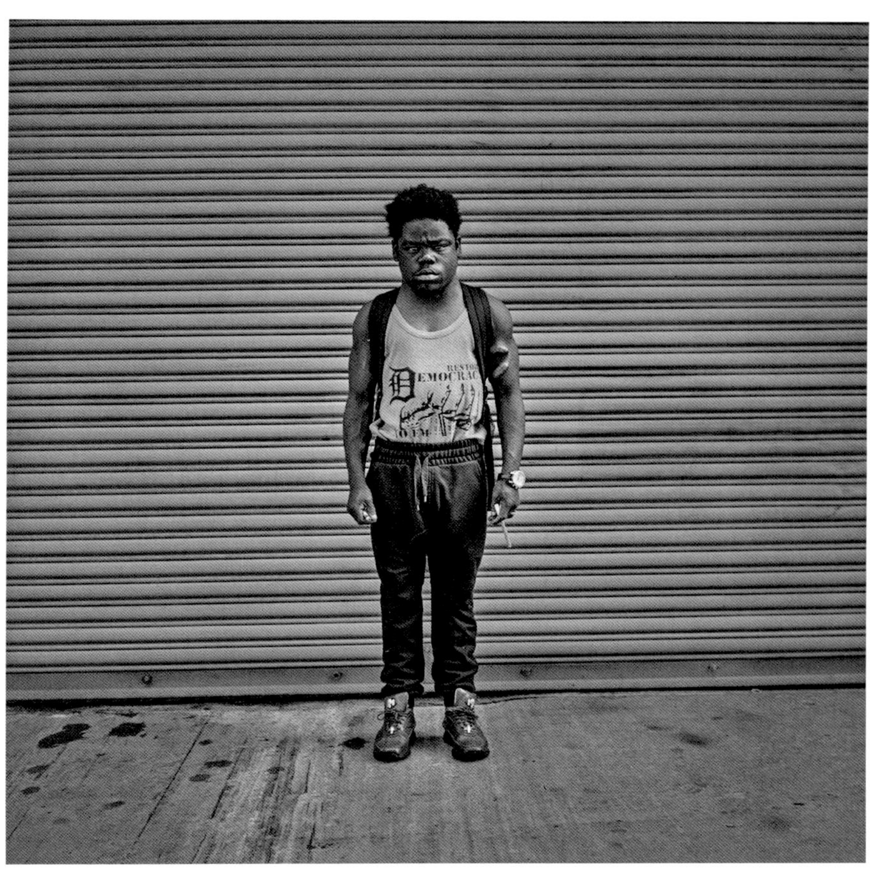

56. Detroit, 2014

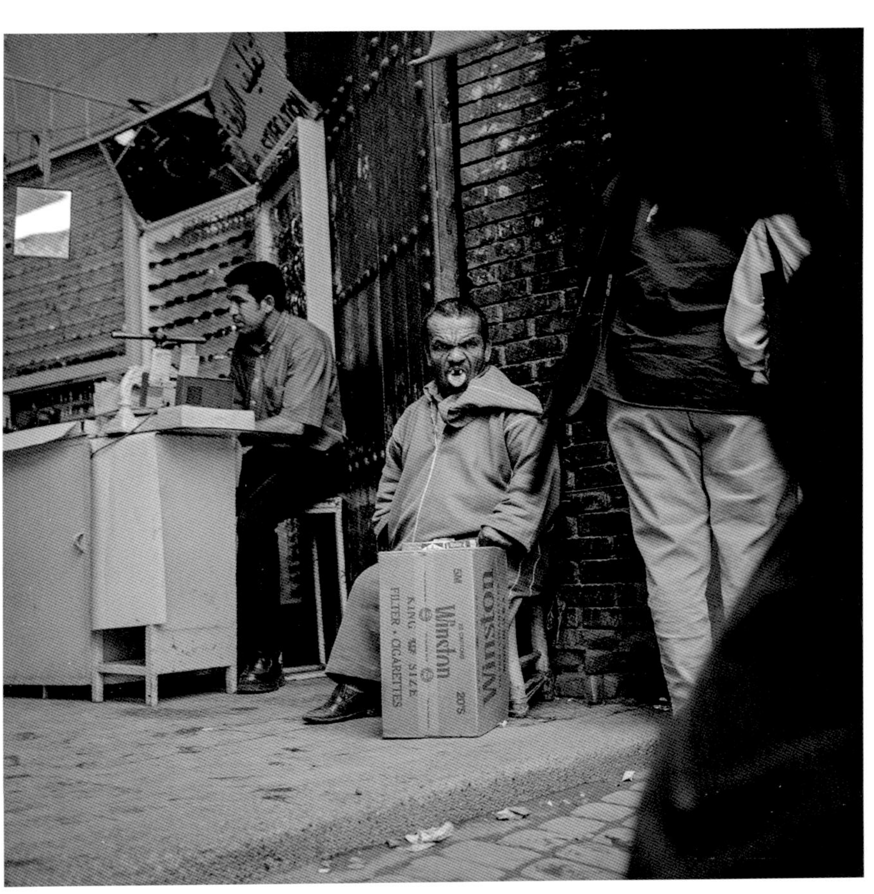

57. Marrakech, 2003

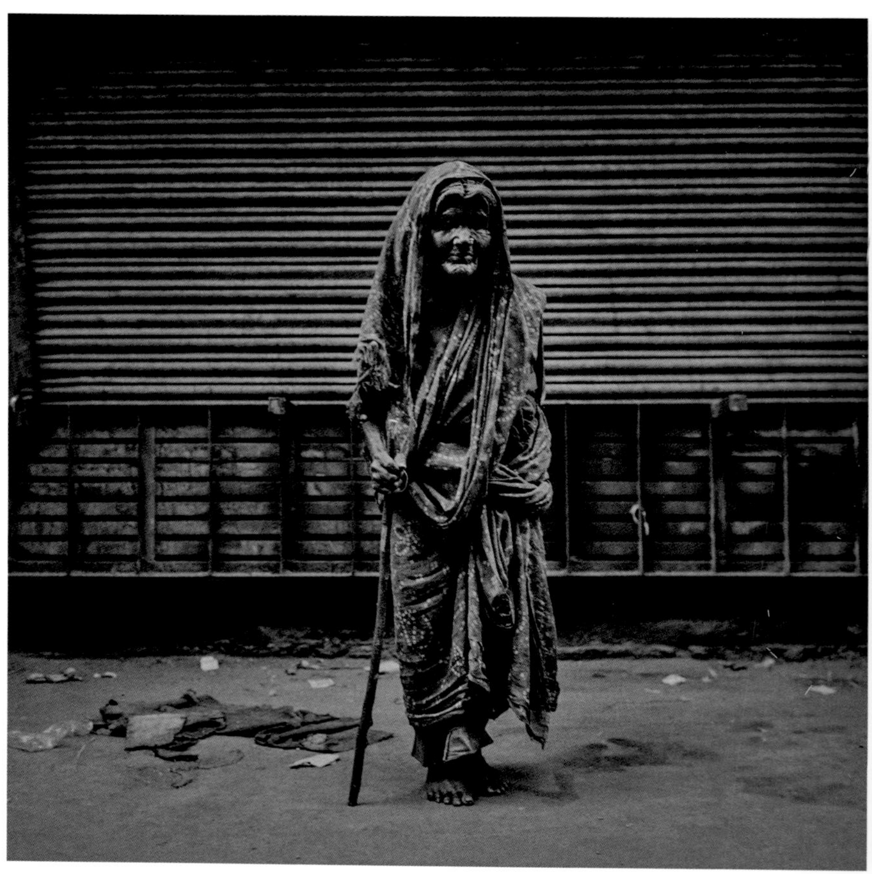

58. Red light district, Old Delhi, India, 2010

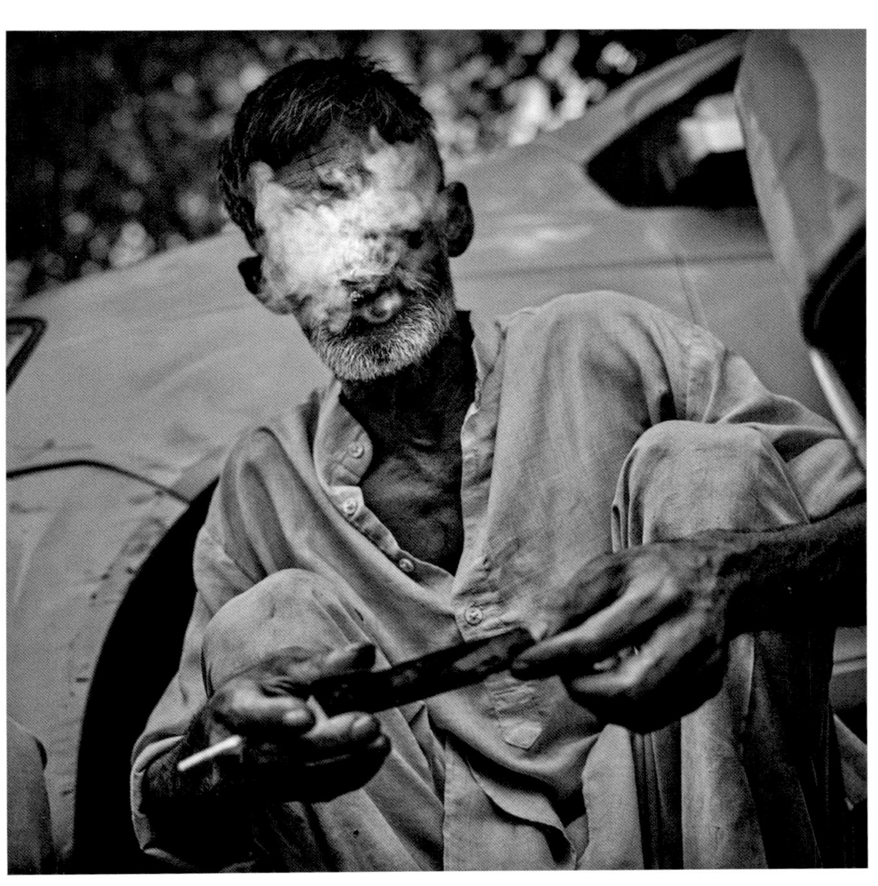

59. Red light district, Old Delhi, India, 2010

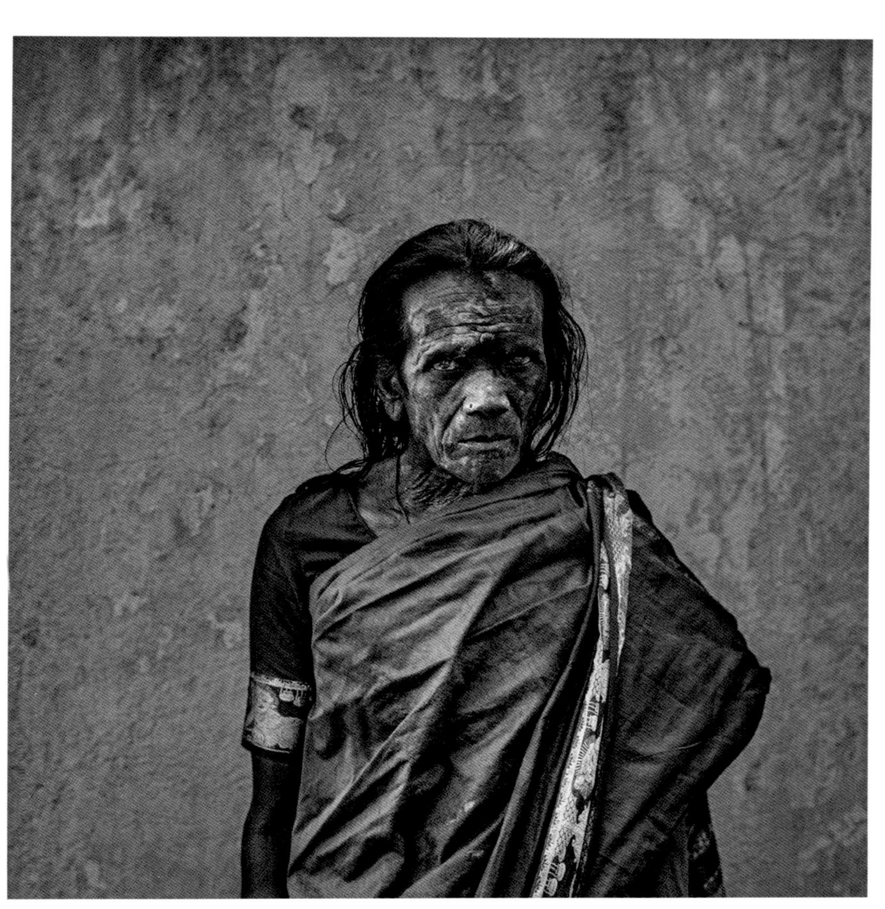

60. Hijra. Tamil Nadu, India, 2010

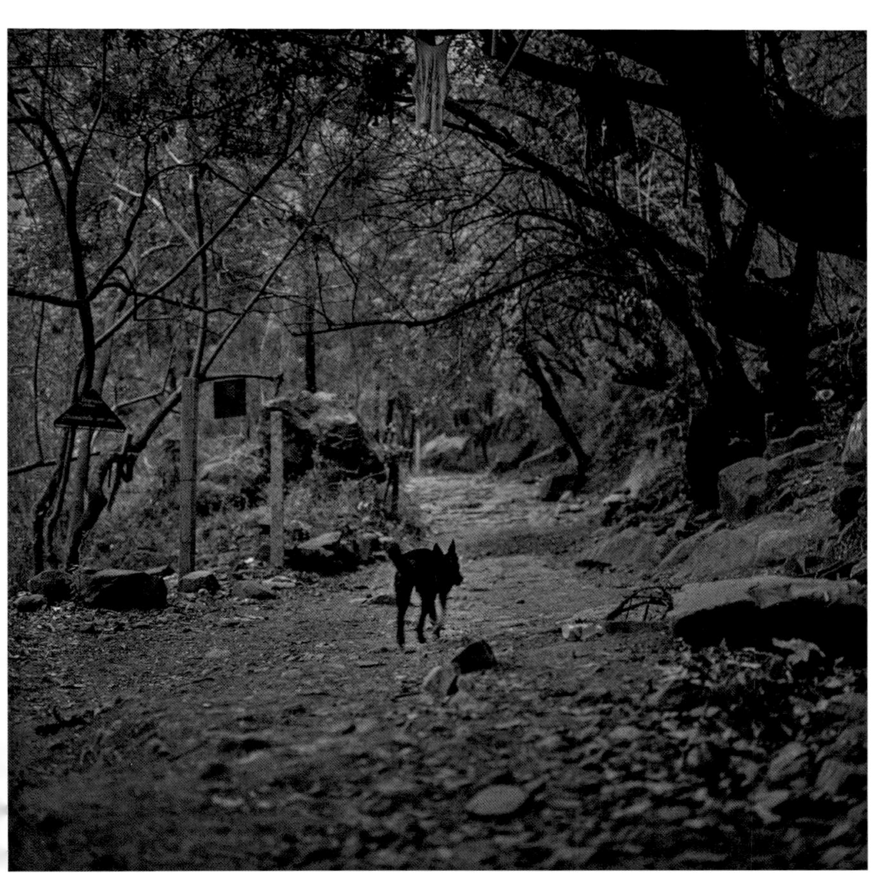

61. Chalma, México, 2002

Cronología

1974 Nace en Baracaldo.
1995 Conoce a Luis Baylón, quien le inicia en la fotografía.
1996 Realiza estudios de Filosofía en la Universidad de
      Sevilla.
1997 Viaja a Marruecos.
1998 Viaja a Noruega y a Senegal.
1999 Es reconocido con el premio de Fotografía Juana de
      Aizpuru.
2002 Hace un viaje a México.
2005 Vuelve a México.
      Realiza un trabajo fotográfico en Uzbekistán, gracias a
      la beca de investigación Ruy de Clavijo Casa Asia.
2009 Obtiene la beca de la Fundación Arte y Derecho.
      Publica en *Financial Times*.
      Viaja a La Habana para realizar un proyecto sobre
      religiones afrocubanas.
2010 En India conoce a Fran Kalero y Yannick Cormier.
      Participa en OjodePez PHotoMeeting.
2012 Realiza un proyecto sobre sociedades secretas de
      máscaras en Burkina Faso, junto a Marion Girard.
      En *Newsweek Magazine* publica «To the Death».
2013 Save the Children le encarga un trabajo sobre la
      pobreza infantil en España.
      Recibe la Beca Endesa de Artes Plásticas.
2014 Reuters le solicita un reportaje sobre fútbol en los
      barrios, con motivo del Mundial.
      Viaja a Cabo Verde.
      Gana el Premio Internacional Ojo de Pez de Valores
      Humanos PHotoEspaña.
      Viaja a Nueva York, y desde allí se traslada a Detroit
      para cumplir un encargo del editor Jamie Wellford.
      Publica en CNN su trabajo «Maestranza» y, en NBC,
      «Pobreza infantil en España».
      Portada y reportaje principal en las revistas *OjodePez*,
      dirigida por Arianna Rinaldo, y *XL Semanal*.
2015 Es reconocido con la mención de honor del premio
      Unicef.
      Realiza un trabajo sobre los pigmeos baka en
      Camerún, junto a José Bautista y Fabiola Ecot.

Exposiciones individuales

2000 *Aitor Lara Fotografías 1995-2000*. Galería Juana
de Aizpuru, Sevilla.
2003 Escaparate de San Pedro, Madrid.
2006 *Dragoman*, Galería Paz y Comedias, Valencia.
2007 *Chalmita*, Grey Gallery, Barcelona.
Torre de silencio, SoniMagFoto, FIRA Barcelona.
2008 *Torre de silencio*. Fundación Tres Culturas. Sevilla.
2009-2011 *Maestranza*, Fnac, itinerante.
2009-2015 *Maestranza*, exposición de fotografías de gran
formato en fachada de edificio Fnac Sevilla.
2012 *Maestranza*, National Art Gallery of Uzbekistan.
2015 Premio Ojo de Pez *Pobreza infantil en España*, Fnac.
Confines. R.O. Proyectos. Madrid.
Beca Endesa *Dragoman*, Museo de Teruel.

Libros

2007 *Torre de silencio*. Casa Asia. Barcelona - Fundación
Tres Culturas, Sevilla.
2008 *Maestranza*. Real Maestranza de Caballería de Sevilla
(editor Mauricio d'Ors), Sevilla.
2012 *Ronda goyesca*. Real Maestranza de Caballería de
Ronda y La Fábrica, Madrid.

Jordi Esteva

Escritor y fotógrafo, es un apasionado de las culturas orientales
y africanas a las que dedica la mayor parte de su trabajo perio-
dístico y fotográfico. Ha publicado *Los oasis de Egipto* (1995),
Viaje al país de las almas (1999), *Los árabes del mar* (2006)
y *Socotra, la isla de los genios*, entre otros libros, y ha filmado
películas como *Retorno al país de las almas* y *Komian*.

A writer and photographer, he is an enthusiast of Oriental and
African cultures, to which he devotes the vast majority of his
journalistic and photographic work. He has published the books
Los oasis de Egipto (Oases of Egypt, 1995), *Viaje al país de las
almas* (Journey to the land of souls, 1999), *Los árabes del mar*
(The Arabs of the sea, 2006) and *Socotra, la isla de los genios*
(Socotra, the island of geniuses), among other books. He has
also produced a number of films, such as *Retorno al país de las
almas* (Return to the land of souls) and *Komian*.

"Everything is Colored"
Jordi Esteva

The first work by Aitor I ever saw was about Mexico. Aitor was still very young but some of those photographs already forewarned the tremendous power of his African masks, of his portraits of Indian transsexuals or his depictions of Detroit, just to name a few examples. I can still recall the striking force of his Mexican images: some seemed taken out of Juan Rulfo's or Pierre Fatumbí Verger's photo books from the 1940s and 1950s. Above all the gorgeous photograph *Irma Nanita* (photo 28), in which a young girl recoils before a relative's grave while other women place flowers on the slabs. Some of them carry musical instruments with them, which they have probably used already or will use shortly after the simple tribute to their departed loved ones. We don't know who the attractive young woman is, nor whom she mourns—perhaps her grandmother, her mother, her brother, who knows. Life battling death.

Meanwhile, the photograph of the dog making its way down a nightmarish alley is haunting. It is the image of The Beast. In his project about Mexico, Aitor already showcases some of the traits that define his more mature work: a sensibility for landscapes, an awareness of those situations in which time seems to flow at a very different pace, and a preference for highly striking portraits. The powerful image of the mask of death, a more direct and aggressive photograph, is also part of Aitor's character, which manages to capture the soul of a side of Mexico that might seem folkloric but that, in his case, goes beyond this recurrent theme and transports us to the last afternoon of the British consul's life in *Under the Volcano*.

In relation to the mystery emanating from his images, Aitor explains: "reality is complex and full of secrets. While my photography also works, on occasion, through an exacerbated use of expressionism, behind it there is a conscious focus on subtle and invisible elements."

The series *Torre de silencio* (Tower of Silence), which revolves around a trip to Uzbekistan, is a little gem. Time seems to have stood still. The USSR has collapsed and has left behind it a new country that is, in effect, a ruin. A forgotten country that looks for its identity in an apparent renaissance of Islam, though the image it projects is of something ancient and forlorn. Aitor adds to it the sensitive vision of a traveler in that country just before everything started to change, before its oil reserves drastically transformed—debased?—its social fabric. All this work: the roads or tracks that lead onto the desert, the extreme landscapes, the people, the ruins of forgotten civilizations from Central Asia, it all takes us back to Nicolas Bouvier, the inspired author of *L'Usage du monde* (*The Way of the World*), a book that was idolized by hippies in their travels to India in the sixties.

The photograph on the cover of that book about the former Soviet republic, which depicts a trapeze artist from the circus of Tashkent (photo 14), might not be the most representative example of its content. The beautiful photo of a car out of focus might give us a better idea of the other images contained in the book. But I know why he likes it. Aitor sees himself in it. It's him! An old child who asserts himself in the world. A rebel. It is no caprice. Much of his later work will be based on that natural rebelliousness. Aitor's first works reveal especially his nomad spirit with its beautiful hesitancies. His passionate affection for Henri de Monfreïd's and Octavio Paz's work, for Hergé's multiple worlds, just to name a few of his literary influences. His is a curious spirit that with the passage of time will evolve toward the development of a gaze of his own. The first works by any photographer tend to be dilettante in the best sense of the word. Quests for potential journeys. Not-quite-formed eyes, and therefore the early works tend to be more interesting than the later, more mature, more professional ones. Because in due course the romanticism and the candor present at first somehow fade away.

His travels have not kept Aitor from approaching more familiar contexts. His series on the art of bullfighting draws heavily from previous works as well as from the influence of his mentor, the photographer Luis Baylón. In Aitor's view, "these days the art of bullfighting interacts and questions aspects of its tradition, revealing both sides of the coin. On the one hand it generates culture and makes sense for some, while for others it casts doubts on the paradigms of the human condition, as it consists in an event in which a bull is slaughtered as part of a public spectacle. The work on the bullring connects each of its constituent parts, highlights the liturgy in its most artistic expression but at the same time reveals its most sordid and unsavory details." In my opinion, his work about the world of bullfighting is absolutely essential to understand the evolution of his photography, which is erected on the foundations provided by his first four significant projects: street photography, Mexico, Uzbekistan and *Maestranza*. From that point onwards, Aitor flourishes at full strength.

In his own words, "photography is connected to a primary, essential and absurd act, to an overpowering desire to get to know the world. I'm not trying to make the invisible visible to others, I'm not that generous. In the beginning it was all down to an adolescent impulse—photography emerged as a sophisticated game that in time became a necessary act, a complex means to learn through radical experiences. What I do consciously set out to do these days is to share them, and I strive to convey this as accurately as possible, choosing and designing the editions of the works I publish: that is the moment when I start thinking of the others."

The weight of his eyes on his characters constitutes the gesture through which he claims dignity back for a series of people often labeled as misfits, be they a legionnaire who resembles a *mara* gang member from El Salvador, the everyday housewife ready to face a new day, or the Mexican tranny with the bruised legs who points a gun at the camera. The world is a complex and diverse place in which there should be room for all kinds of behavior. Aitor is interested in people who assert their identity and their diversity unabashedly, and who often no longer look for the approval they know they will not get from an intolerant and hypocritical society, thus expressing their individualism boisterously, like a cry. He loves people who refuse to make concessions.

Hence his characters. When he captures them, he adopts the invasive role that occasionally comes with the act of photographing. To him, "photography is desecrating because you delve into worlds in which you don't belong. Paradoxically, during this process I feel tremendous respect and admiration, which on occasion verges on a religious feeling, because you are conscious of the transcendence of the moments that you are being allowed to experience. So you try to sublimate and channel that crossover of time planes in which, somehow, you are also taking part. The confines lie on the amount of pain or pleasure your soul is able to tolerate. Photography is a form of poetry that excites because it modifies your consciousness. You see inside yourself other people's time and also your own, you see the change, the transformation, the erosion, the destruction, the struggle and the resistance, you see the fate of people and sometimes that isn't pleasant because it comes closer to reality than to an idealized world."

Shamanic, that's perhaps the word that best describes his most recent series of photographs of his friend Manuel, which brings the book to an end. Manuel Molina, whom Aitor used to listen to as a baby in his cradle. "Everything is colored."

PHotoBolsillo

Director de la colección / Series editor
Chema Conesa

Coordinación / Coordination
Doménico Chiappe

Diseño original / Original Design
Fernando Gutiérrez

Traducción / Translation
Montague Kobbe

Fotomecánica / Photomecanics
Museoteca

Impresión / Printer
Brizzolis

© de las imágenes / Image
Aitor Lara

© del texto / Text
Jordi Esteva

© de la presente edición / Present Edition
La Fábrica, 2015

ISBN
978-84-16248-27-8

Depósito legal / Legal deposit
M-21879-2015

Director general / General Manager
Álvaro Matías

Directora editorial / Editorial Content Manager
Camino Brasa

Director de Desarrollo / Development Manager
Fernando Paz

Director de Producción / Production Manager
Rufino Díaz

Distribución / Distribution
Raúl Muñoz

LA FABRICA

Presidente / President
Alberto Anaut

La Fábrica
Verónica, 13
28014 Madrid
Tel.: 34 91 360 1320
e-mail: edicion@lafabrica.com
www.lafabrica.com

Una coedición entre / A Coedition Between

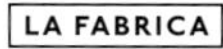
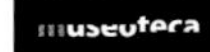
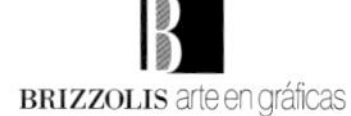

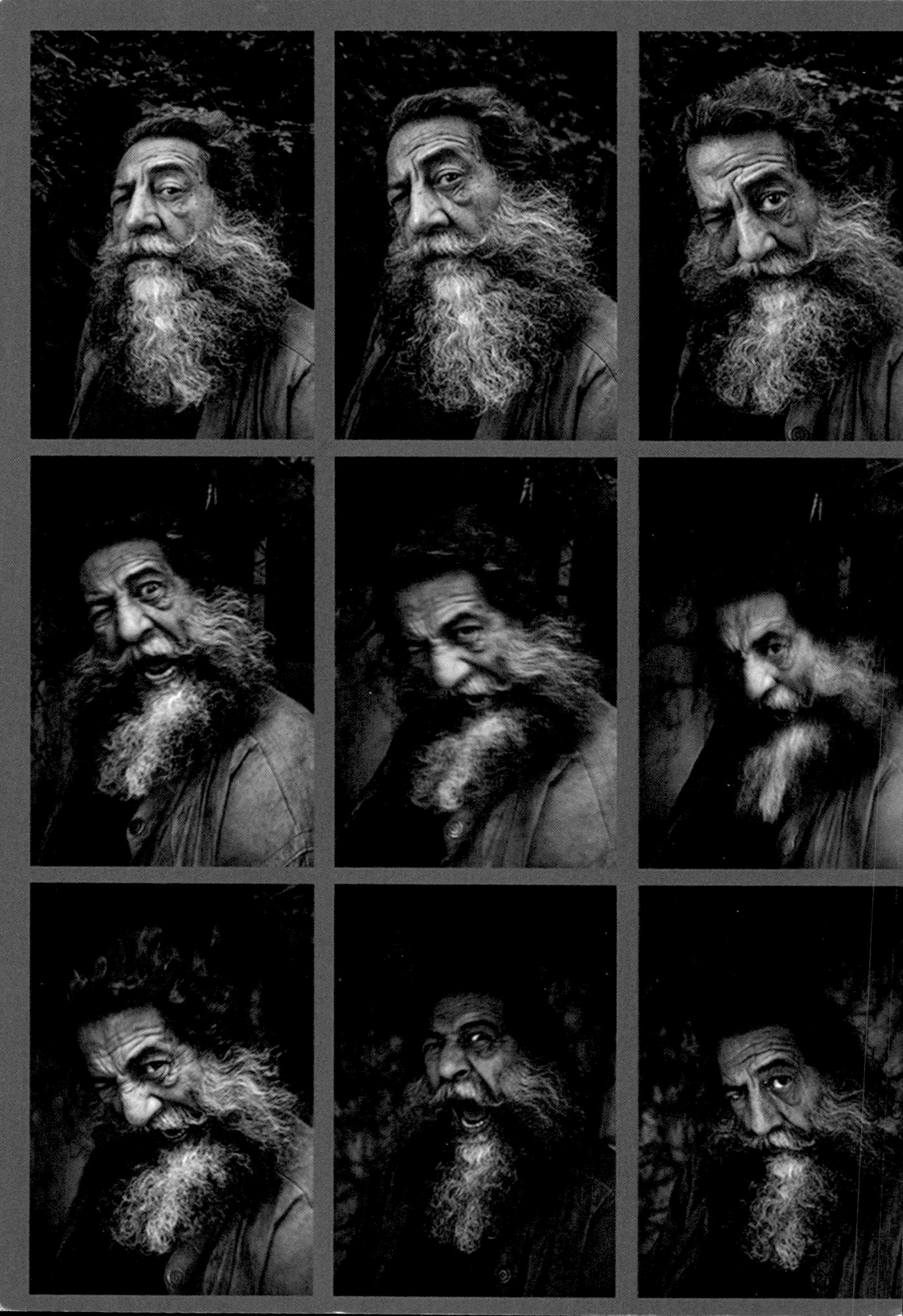